Jerry Mai

VIETNOM
DAS KOCHBUCH

Jerry Mai

VIETNOM
DAS KOCHBUCH

Authentisch vietnamesisch von Frühstück bis Abendessen

riva

味家
VEKOO
卫生筷

INHALT

EINFÜHRUNG

Ich kam Ende der 1970er-Jahre in Vietnam zur Welt. Schon 1984 zog meine Familie nach Australien, und ich kehrte erst 1992, im Alter von 15 Jahren, in mein Heimatland zurück. Die Eindrücke auf dieser Reise waren überwältigend, die Gerüche, Geschmackserlebnisse, Menschen und natürlich der chaotische Verkehr – unglaublich! Hier kam ich zum ersten Mal mit vietnamesischem Streetfood in Berührung, und ich war sofort begeistert. Die Straßen wimmelten nur so von Verkäufern, die unzählige Gerichte anboten – einiges davon hatte ich noch nie zuvor gesehen. Überall wurde Fleisch auf kleinen Holzkohlegrills gegart. Der köstliche Duft und der Rauch lockten mich zu den Straßenständen, wo ich voller Spannung zusah, wie die Speisen zubereitet wurden.

Ganz sicher haben sich die Straßen in den letzten 25 Jahren verändert und das Stadtbild ist moderner geworden, doch haben viele einheimische Gerichte dem Zahn der Zeit getrotzt (abgesehen von ein paar Eintagsfliegen, die ebenso schnell verschwunden wie gekommen sind). Jahr für Jahr bereise ich verschiedene Regionen Vietnams, um neue kulinarische Erfahrungen zu machen; enttäuscht wurde ich dabei noch nie. Als Küchenchefin bringe ich von jedem Besuch neue Inspirationen mit – und bin bestrebt, die Aromen, die ich auf meinen Reisen entdecke, auf neue und einzigartige Weise nachzukochen.

Dieses Kochbuch krönt meine anhaltende Liebe zur vietnamesischen Küche. Darin sind die Speisen enthalten, von denen ich träume, wenn ich nicht in Vietnam bin, und gleichzeitig die Gerichte, mit denen ich in meinen Restaurants die Gäste gern verwöhne. Die vietnamesische Küche ist das Herz und die Seele meiner Kochkunst – und ein großer Teil dessen, was ich an meiner Herkunft liebe.

Einige Gerichte in diesem Buch habe ich schon als Kind zu Hause gegessen. Damals stand ich auf einem Schemel in der Küche und sah meiner Mutter zu, wie sie am Herd köstliche Gerichte für Familie und Freunde zubereitete. Ab und zu gab es *Bánh xèo* zum Abendessen: Dann zog der Duft frischer Kräuter durchs Haus und man konnte hören, wie der Teig zischte, wenn er in den heißen Wok kam. Ein *Bánh-xèo*-Abend zu Hause glich der Reise nach Jerusalem, bei der jeder abwechselnd den nächsten Pfannkuchen zaubern musste. Ich mochte die individuelle Zubereitung – und liebte den Wettstreit zwischen meinen Brüdern und mir, bei dem es darum ging, wer den besten *Bánh xèo* machen würde!

Wenn ich heute zu meiner Mutter komme und ihr Haus vom Duft der auf dem Herd leise vor sich hin köchelnden *Phở* erfüllt ist, überkommen mich so viele glückliche Kindheitserinnerungen. Und ich weiß, wie viel Liebe sie in dieses Gericht gesteckt hat. Noch heute warten meine Brüder und ich voller (freudiger) Ungeduld darauf, dass die Brühe endlich fertig ist und wir eine Schüssel davon schlürfen können! Auf fast magische Weise spricht es sich mit Lichtgeschwindigkeit herum, dass meine Mutter einen großen Topf ihrer berühmten *Phở* kocht, und schon bald wimmelt es im Haus von anderen Familienmitgliedern und Freunden. Wir versammeln uns um den Esstisch und tauschen Neuigkeiten aus, während wir darauf warten, dass die Suppe endlich auf den Tisch kommt.

→

Die Spezialität meiner Mutter ist jedoch *Hủ tiếu Nam Vang*, eine Nudelsuppe, deren Zubereitung sie nach dem Kambodschanischen Bürgerkrieg in Phnom Penh erlernt hat. Später eröffnete sie dort ein Restaurant, das genau für dieses Gericht bekannt wurde. Für mich gibt es nichts, was besser ist als die *Hủ tiếu Nam Vang* meiner Mutter – das Rezept finden Sie auf Seite 49.

Es ist wohl keine große Überraschung, dass ich meine lebenslange Liebe zum Kochen meiner Mutter verdanke. In meinen Augen sind die Gerichte, die ich zubereite, ebenso wie der Speisesaal meines Restaurants lediglich eine Erweiterung meines Familien-Esszimmers. Auf diese Weise kann ich mein kulinarisches Erbe und die geliebten Gerichte meiner Kindheit bewahren und weitergeben. Meine Hingabe an die vietnamesische Küche hat mich dazu inspiriert, mein erstes Restaurant – »Phở Nom« – zu eröffnen. Von da ab fing ich an, mich auch in den Nachbarländern Vietnams umzuschauen, um mein Wissen über die Küche Südostasiens zu vertiefen. Dies führte zur Eröffnung meines Restaurants »Annam«, wo nicht nur die vietnamesische Küche im Fokus stand, sondern die beeindruckende kulinarische Vielfalt der gesamten Region.

Kulinarische Erinnerungen und Eindrücke sind oft unglaublich intensiv: Sie beamen uns zurück in die Kindheit und in die tröstliche Gegenwart unserer Mütter und Großmütter, ermuntern uns zu reisen, um Gerichte oder Erlebnisse wiederzuentdecken, an die wir uns gern erinnern, und locken uns an einzigartige Orte, an denen die Zeit stehen geblieben zu sein scheint. *Vietnom. Das Kochbuch* ist eine Sammlung meiner kulinarischen Erinnerungen, aber ich hoffe, dass die Rezepte darin auch bei Ihnen Assoziationen wecken oder neue schaffen. Viel Spaß!

GRUNDZUTATEN UND ZUBEHÖR

Hier erfahren Sie alles Wesentliche über die wichtigsten Zutaten und Gerätschaften, die man in jeder vietnamesischen Küche findet, darunter Grundzutaten, die in zahlreichen Rezepten in diesem Buch zum Einsatz kommen. Fast alle dieser Lebensmittel können Sie im asiatischen Supermarkt kaufen.

AUSTERNSAUCE (SỐT HÀU)
Diese Sauce passt hervorragend zu Pfannengerichten. Hergestellt wird der Extrakt aus Austern, Zucker, Salz und Maisstärke zum Andicken.

BANANENBLÜTEN (BẮP CHUỐI)
Bei Bananenblüten, auch als Bananenknospen bezeichnet, handelt es sich um die essbare Blüte der Bananenpflanze. Die äußeren Blätter werden entfernt und entsorgt, die inneren, in Scheiben geschnittenen »Herzen« kommen in Salaten zum Einsatz.

DÜNNE EIERNUDELN (MÌ TRỨNG)
Diese Nudeln sind ein Erbe der chinesischen Besatzung in Vietnam. Verwendung finden sie in erster Linie in Suppen und Wok- bzw. Pfannengerichten.

FISCHSAUCE (NƯỚC MẮM)
Die vietnamesische Küche ist ohne Fischsauce undenkbar – sie ist ebenso wichtig wie gutes Olivenöl. Bei der Herstellung lässt man Sardellen und Meersalz 12–14 Monate fermentieren. Legen Sie beim Kauf von Fischsauce Wert auf qualitativ hochwertige Marken, wie etwa Dũ Son oder Red Boat. Aus den Regionen Phú Quốc und Phan Thiết kommt die beste Fischsauce Vietnams. Die erste Pressung heißt nước mắm nhĩ – qualitativ entspricht sie nativem Olivenöl extra – und wird für Dip-Saucen und Salate verwendet. Die zweite, preiswertere Pressung kommt beim Kochen zum Einsatz. Wenn Sie nước mắm kaufen, achten Sie darauf, aus welcher Region es stammt und ob es sich um die erste Pressung handelt.

GARNELENSAUCE (MẮM RUỐC)
Garnelensauce bereichert die nordvietnamesische Küche häufig als Dip-Sauce oder Marinade. Man stellt sie aus zerdrückten, marinierten Garnelen her und lässt die Sauce über einen langen Zeitraum in Flaschen fermentieren.

GLASNUDELN (MIẾN)
Diese dünnen, durchscheinenden Nudeln kennt man auch unter dem Begriff Zellophannudeln. Sie werden gern in Suppen oder in Füllungen als Zugabe zu Hackfleisch verwendet.

GRUNDBRÜHE (CỐ PHIẾU CHÍNH)
Hergestellt wird die sehr vielseitig verwendbare Grundbrühe aus Hühnerbrühe, heller Sojasauce, dunkler Sojasauce, Kandiszucker, Kassiarinde, Sternanis, Orangenschalen und Shaoxing-Wein. Sie hat eine lange »Halbwertszeit«, da sie, wann immer sie Verwendung findet, aufgefüllt und ergänzt wird. Zum Einsatz kommt die Grundbrühe bei der Zubereitung anderer Brühen sowie zum Pochieren und Schmoren von Fleisch und Geflügel.

GRÜNE MANGO (XOÀI XANH)
Herb-säuerlich, knackig, erfrischend: Die grüne Mango mit ihrem typischen Geschmack bereichert zum einen Salate und ergibt zum anderen mit Salz und zerstoßenem Chili einen leckeren Snack.

GRÜNE PAPAYA (ĐU ĐÙ XANH)
Die grüne Papaya ist nichts anderes als eine unreife Papaya-Frucht. Beim Kauf sollte man darauf achten, dass sie grün und fest ist. Das Fruchtfleisch sollte weiß sein und noch keine Spuren einer Orangefärbung zeigen.

HOISINSAUCE (SỐT TƯƠNG NGỌT)
Hierbei handelt es sich um eine dicke, süße chinesische Barbecue-Sauce aus gesalzenen schwarzen Bohnen, Zwiebeln und Knoblauch. In der vietnamesischen Küche stellt man sie gern als Würzsauce auf den Tisch oder schmeckt Fleisch-, Geflügel- und Schalentiergerichte damit ab.

KASSIARINDE (QUẾ)
Man verwendet dieses Gewürz analog zu Zimt, um Suppen und gehaltvollen Schmorgerichten eine tiefe, erdige Note zu verleihen.

REISMEHL (BỘT GẠO)
Reismehl wird aus gemahlenem Reis gewonnen und in der vietnamesischen Küche meist für Teige oder als Überzug von Zutaten verwendet, die für die Fritteuse bestimmt sind. Gleichzeitig stellt Reismehl einen hervorragenden glutenfreien Ersatz für Weizenmehl dar.

REISNUDELN (BÚN)
Reisnudeln gehören in der vietnamesischen Küche zum Grundvorrat, man findet sie häufig in Suppen, Reispapierrollen und Salaten. Zur Auswahl stehen mehrere Sorten, die von dünn bis dick reichen und in verschiedenen Gerichten verwendet werden. Achten Sie beim Kauf darauf, die für das jeweilige Rezept passende Sorte auszuwählen.

REISPAPIER (BÁNH TRÁNG)
Eine weitere Grundzutat in der vietnamesischen Küche ist Reispapier. Sobald es Feuchtigkeit aufgenommen hat, wird es weich und glatt und kommt häufig als Hülle für Kräuter, Salat und Bún (Reisnudeln) zum Einsatz. Man kann Reispapier auch knusprig frittieren und wie einen Cracker essen. Ein relativ junger Ernährungstrend besteht darin, das Reispapier zu zerschneiden und in Salate zu geben.

SARDELLENSAUCE (MẮM NÊM)

Unter Mắm nêm versteht man fermentierte, gesalzene Sardellen. Geschmack und Geruch sind sehr intensiv. Zur Herstellung der gleichnamigen Sauce wird Mắm nêm in der Regel verdünnt.

STERNANIS (CÁNH HỒI)

Der Geschmack dieses sechs- bis achtspitzigen Gewürzes erinnert an Zimt und Gewürznelken. Man verwendet es zum Würzen von Suppen und Eintöpfen sowie für Marinaden, außerdem ist es eine wichtige Zutat für die Zubereitung von Phở.

WASSERSPINAT (RAU MUỐNG)

Der Wasserspinat ist ein grünes Gemüse, das in der vietnamesischen Küche meist in Wok- oder Pfannengerichten verwendet wird oder als Beilage auf den Tisch kommt. Um die Stängel in dünne Streifen zu schneiden, greift man in Vietnam häufig zu einem speziellen Küchentool, das einfach, aber raffiniert ist. Hierbei handelt es sich um einen 20–30 cm langen Metallstab, der an einem Ende spitz zuläuft und am anderen Ende einen runden Kunststoffaufsatz mit innen liegenden Klingen hat. Man fädelt einen Wasserspinatstängel auf den Stab, schiebt ihn durch die Klingen am oberen Ende – und schon hat man wunderbar filigrane Streifen!

KRÄUTER

Kein vietnamesisches Gericht kommt ohne aromatisch duftende Kräuter aus! Frische Kräuter schenken den Speisen erst den richtigen Kick und sind wichtige Bestandteile von Salaten, Suppen und Pfannkuchen.

ELEFANTENOHR-STÄNGEL (BẠC HÀ)

Hierbei handelt es sich um lange, schwammartige Stängel, die sich perfekt für Reispapierrollen eignen.

LANGER KORIANDER (NGÒ GAI)

Mit seinen langen, schmalen, gezackten Blättern (daher auch Sägezahn-Koriander genannt) und dem ausgeprägten Koriandergeschmack macht sich dieses Kraut perfekt in Phở und anderen Suppen.

MINZE (HÚNG LỦI)

Dank ihrer großen, ovalen Blätter und ihrem süßen, frischen Geschmack kommt die normale Minze in Salaten und auf Kräutertellern zum Einsatz.

PFEFFERBLATT (LÁ LỐT)

Blätter des vietnamesischen Pfefferblatts (auch Lotblatt genannt) zeichnen sich durch ihren bitteren Geschmack mit gleichzeitig süßen Aromen aus. In der vietnamesischen Küche werden sie gern um Rinderhack gewickelt und gegrillt, bereichern Wok- bzw. Pfannengerichte oder werden roh verzehrt. Sie kommen auch in der Medizin zum Einsatz: Ihr mit Honig vermischter Saft gilt als wirkungsvolles Tonikum. Tränkt man die Blätter mit Senföl und erwärmt sie, sollen sie – auf die Brust aufgelegt – Husten und Atembeschwerden lindern. Die Blätter finden auch als Antiseptikum Verwendung.

REISFELDKRAUT (NGÒ OM)

Dieses Kraut zeichnet sich durch kleine, ovale Blätter sowie sein Zitrus- und mildes Kreuzkümmelaroma aus. Es eignet sich bestens für ausgewählte Suppen und Salate.

SHISO (TÍA TÔ)

Shiso, auch bekannt als Vietnamesische Schwarznessel, schmeckt nach Pfeffer und punktet mit großen, auf der einen Seite violett und auf der anderen Seite dunkelgrün gefärbten Blättern. Verwendet wird es gern in Salaten, als Tischgewürz für Suppen oder in Reispapierrollen eingewickelt.

THAI-BASILIKUM (RAU QUẾ)

Thai-Basilikum hat einen süßen, anisartigen Geschmack mit Zimtnoten und passt ganz hervorragend zu Phở.

VIETNAMESISCHER KORIANDER (RAU RĂM)

Erkennen lässt sich der würzige und pfeffrige vietnamesische Koriander an seinen langen, schmalen Blättern. Man findet ihn häufig in Salaten und Rindfleischgerichten.

KÜCHENGERÄTE

Der Großteil der vietnamesischen Gerichte lässt sich mit nur wenigen grundlegenden Utensilien zubereiten. Die folgenden Gerätschaften gehören zur Ausstattung jeder vietnamesischen Küche.

BAMBUS-DÄMPFKORB

Ein unverzichtbares Gerät zum Dämpfen von Fleisch, Küchlein und Desserts. Dabei geht der Geschmack nicht verloren und das Essen bleibt saftig.

HACKMESSER

Ein schweres Messer zum Zerteilen von Knochen und größeren Fleischstücken. Leichtere Hackmesser verwendet man, wenn Gemüse fein geschnitten werden soll.

KÜCHENSCHERE

Zum Zerkleinern von Kräutern, Gemüse, Huhn und Fisch greifen vietnamesische Hausfrauen und -männer eher zur Schere als zum Messer. Sie ist einfacher zu handhaben und spart den Platz für ein Schneidebrett – ideal, wenn die Arbeitsfläche begrenzt ist, was in vietnamesischen Küchen meist der Fall ist.

MÖRSER UND STÖSSEL

Diese Gerätschaften dienen zum Zerkleinern von Gewürzen und Zerstoßen von Zitronengras, Chili und Knoblauch. Sie leisten bei der Saucenherstellung gute Dienste. Durch das Mörsern der Zutaten wird der Geschmack abgerundet und die Konsistenz glatter.

WOK

Der Wok ist eine unverzichtbare Pfanne, die zum schnellen Anbraten bei starker Hitze verwendet wird, was den Geschmack der Zutaten erhält.

HIỆU 3 CON CÁ
QUỐC
Tasty & Delicious 750ml

FRÜHSTÜCK

In Vietnam trägt das Frühstück seinen Namen zu Recht – oft wird es schon vor dem Morgengrauen eingenommen. Viele Menschen sind bereits vor Sonnenaufgang auf den Beinen: Die Marktverkäufer schließen ihre Stände auf, Menschen hasten zur Arbeit, Kinder machen sich für die Schule fertig und die Büroangestellten gönnen sich den erstes Koffeinkick des Tages. Am Morgen, in den kühlsten Stunden des Tages, herrscht immer jede Menge Aktivität. Später, wenn die Temperaturen steigen, ziehen sich die Menschen gern in die Häuser zurück.

Das Frühstück muss eine sättigende Mahlzeit sein, um einen oft arbeitsreichen und anstrengenden Tag beginnen zu können. Von allen Mahlzeiten des Tages ist es mir am liebsten. Die zur Auswahl stehenden Gerichte reichen von Spiegeleiern und Steak bis hin zu Nudelsuppen und knusprigen *Bánh mì*, wobei jede der sehr unterschiedlichen Speisen mit individuellen Vorzügen punktet. Für alle, die es eilig haben, ist *Bánh mì* das geniale, kaum zu toppende Fast Food. Die knusprigen, mit Ei, Aufschnitt und krossem Schweinefleisch gefüllten Baguettebrötchen ergeben ein leckeres und sättigendes Frühstück. Kräftigere Speisen wie die aromatische *Phở* oder andere Nudelsuppen sind Frühstücksklassiker für all diejenigen, die morgens ausreichend Zeit haben, um sich an den Tisch zu setzen und ihre Suppe zu schlürfen. Wenn Sie in Vietnam sind, stehen Sie unbedingt rechtzeitig auf, denn das Frühstück wird in der Regel schon gegen 9 Uhr abgeräumt – einen Brunch gibt es hier nicht!

FRÜHSTÜCKSPFANNE À LA SAIGON

ERGIBT 4 PORTIONEN

4 Minuten- oder Flankensteaks (à 100 g)
Meersalz und frisch gemahlener weißer Pfeffer
100 ml Pflanzenöl
4 Eier
2 Zwiebeln, geschält, in Scheiben geschnitten
4 dicke Scheiben Hühnerleber-Terrine (siehe Seite 178)
4 Bánh mì (vietnamesische Baguettebrötchen)
Maggi-Würze zum Servieren

SALAT

1 libanesische (kurze) Gurke oder Salatgurke, schräg in Scheiben geschnitten
1 kleiner Eisbergsalat, Blätter voneinander getrennt
1 Tomate, in Scheiben geschnitten

Ich liebe dieses Gericht und bestelle es immer, wenn ich in Saigon bin. Was für ein unbeschreibliches Glücksgefühl, wenn die brutzelnde Kochplatte auf den Tisch gestellt wird, ich mein Bánh mì zerpflücke, die Stückchen mit kleinen Mengen Fleisch und Salat belege und dann alles in Eigelb tunke! Meine Frau reißt ihr Baguette gern in zwei Hälften und macht daraus zwei winzige, mit Fleisch und Salat gefüllte Bánh mì. In unseren »Phở-Nom«-Läden geben wir die gesamte Füllung in das Brötchen, damit es leichter zu essen ist. Es gibt keine richtige oder falsche Art, es zu essen! Wenn Sie keine Kochplatte haben, nehmen Sie stattdessen einfach eine Bratpfanne und richten das Essen vor dem Servieren auf dem Teller an.

Die Steaks mit Salz und Pfeffer würzen.

Eine große Bratpfanne oder Kochplatte auf mittlerer bis hoher Stufe erhitzen. Das Öl hineingeben und die Steaks in die Pfanne legen. Die Eier daneben in die Pfanne schlagen und nur von einer Seite braten. Die Zwiebeln auf der anderen Seite der Pfanne verteilen und unter Wenden braten, bis sie weich sind. Dann das Steak umdrehen und weiterbraten, bis es die gewünschte Garstufe hat – ich empfehle medium rare.

Die Hühnerleber-Terrine auf die gebratenen Zwiebeln legen und mit Salz und Pfeffer würzen. Die Pfanne auf den Tisch stellen, alternativ Steaks, Eier, Zwiebeln und Hühnerleber-Terrine auf vier Teller verteilen. Platzieren Sie die Brötchen (Bánh mì), den Salatteller und das Maggi-Gewürz in die Mitte des Tisches und ermuntern Sie alle, sich selbst zu bedienen.

BÒ NÉ SAIGON

PHỞ MIT RINDFLEISCH

ERGIBT 8–10 PORTIONEN

- 2 kg frische Phở-Nudeln (siehe Hinweise)
- 1 kg Blade Steak (Rinderschulter), in sehr dünne Scheiben geschnitten
- 1 Zwiebel, geschält, in dünne Scheiben geschnitten
- 1 Bund Frühlingszwiebeln, in dünne Ringe geschnitten
- 1 Bund Koriander, Blätter abgezupft

BRÜHE

- 5 kg Rindermarkknochen
- 200 g Ingwer, ungeschält
- 2 große Zwiebeln, ungeschält
- 1 Knoblauchknolle, ungeschält, halbiert
- 500 g Rinderbrust
- 1 kg Ochsenschwanz
- 15 Sternanis
- 2 schwarze Kardamomkapseln
- 2 Stangen Kassiarinde
- 4 Nelken
- 1 EL Koriandersamen
- 60 g Meersalz
- 200 ml Fischsauce
- 50 g feiner Zucker (falls erforderlich)

BEILAGEN

- 1 kg Bohnensprossen
- 2 Bund Thai-Basilikum
- 2 Biozitronen, in Stücke geschnitten
- 6 Vogelaugen-Chilis, in Ringe geschnitten
- Hoisinsauce
- Sriracha-Chilisauce
- Fischsauce

Phở bò ist definitiv meine Lieblingsnudelsuppe. Sie zeichnet sich durch einen üppigen Rindfleischgeschmack aus. Auf der Oberfläche schwimmen Fettaugen – die sogenannte goldene Schicht. Genau dieses Fett schenkt der Rindfleisch-Phở ihr unverwechselbares Aroma.

Für die Brühe die Markknochen abspülen, um Blut und Knochensplitter zu entfernen. Die Knochen anschließend in einen großen 10-Liter-Suppentopf legen. So viel kaltes Wasser zugießen, dass die Markknochen bedeckt sind, dann alles auf hoher Stufe zum Kochen bringen. Die Knochen 20–30 Minuten auskochen, bis kein Blut mehr an die Oberfläche tritt. Anschließend die Knochen abgießen (die Kochflüssigkeit wird entsorgt) und abspülen, um restliches Blut oder Schaum zu entfernen. Nun die Markknochen zurück in den gesäuberten Topf geben, diesen knapp bis zum Rand mit Wasser auffüllen und alles erneut aufkochen.

Unterdessen Ingwer, Zwiebeln und Knoblauch über der Gasflamme, auf dem Grill oder unter dem Backofengrill anrösten, bis die Schale leicht angesengt ist. Das Gemüse zusammen mit der Rinderbrust und dem Ochsenschwanz in den Suppentopf geben. Das Ganze etwa 3 Stunden sanft köcheln lassen, bis das Fleisch weich ist, dabei immer wieder den Schaum von der Oberfläche abschöpfen. Die Rinderbrust aus dem Topf nehmen und abkühlen lassen, anschließend bis zur weiteren Verwendung in den Kühlschrank stellen. Der Ochsenschwanz bleibt in der Brühe.

Die Brühe etwa 7–8 Stunden auf mittlerer Stufe weiterköcheln lassen, bis sie auf 70 oder 80 Prozent eingekocht ist, dabei immer wieder den Schaum abschöpfen.

Nachdem die Brühe 5–6 Stunden vor sich hin geköchelt hat, Sternanis, Kardamomkapseln, Kassiarinde, Nelken und Koriandersamen in einer Bratpfanne ohne Zugabe von Öl bei mittlerer Hitze schwach anrösten, bis sich der Duft entfaltet. Die Gewürze in ein Musselin-Seihtuch einbinden und für die restliche Kochzeit in die Brühe geben.

Wenn die Brühe fertig ist, die festen Bestandteile herausnehmen und entsorgen. Anschließend die Phở durch ein feines Sieb in einen sauberen Topf abgießen. Mit Salz und Fischsauce würzen und bei Bedarf den Zucker zufügen, falls die Brühe ein wenig mehr Süße vertragen kann. Den Topf bei schwacher Hitze wieder aufs Feuer stellen und die Brühe bis zum Servieren sanft köcheln lassen.

Einen großen Topf mit Wasser zum Kochen bringen. Die Nudeln portionsweise (etwa 120 bis 150 g pro Person) in einen Nudelkorb aus Metall (siehe Hinweise) geben und jeweils etwa 10 Sekunden ins kochende Wasser tauchen. Die *Phở*-Nudeln anschließend auf große Servierschalen verteilen.

HINWEISE: Frische *Phở*-Nudeln bekommt man in den meisten asiatischen Supermärkten. Können Sie keine finden, greifen Sie zu trockenen, schmalen Reisnudeln (mitunter auch als Pad-Thai-Nudeln bezeichnet). Die Reisnudeln nach Packungsanweisung zubereiten, dann abgießen und auf die Servierschalen verteilen.

Um die frischen Nudeln portionsweise zu kochen, empfiehlt sich ein asiatischer Nudelkorb mit langem Stiel, den man in asiatischen Küchenläden oder über das Internet bekommt.

Die Rinderbrust in etwa 2 mm dicke Scheiben schneiden und gleichmäßig auf die Servierschalen verteilen. Darauf das dünn geschnittene Blade Steak, die Zwiebelscheiben, Frühlingszwiebelringe und den Koriander anrichten. Die Brühe in die Servierschalen schöpfen, dabei darauf achten, dass sie wirklich kochend heiß ist, damit das rohe Rindfleisch darin garen kann.

Die Beilagen auf einer Servierplatte anrichten und auf den Tisch stellen. Die *Phở* servieren und die Gäste bitten, ihre Portion nach persönlichem Gusto zu würzen.

PHỞ MIT HÜHNCHEN

ERGIBT 8–10 PORTIONEN

2 kg frische Phở-Nudeln (siehe Hinweise)
1 Zwiebel, geschält, in dünne Scheiben geschnitten
1 Bund Frühlingszwiebeln, in dünne Ringe geschnitten
1 Bund Koriander, Blätter abgezupft

BRÜHE
3 kg Hühnerknochen
1 Suppenhuhn (optional)
200 g Ingwer, ungeschält
2 große Zwiebeln, ungeschält
1 Knoblauchknolle, ungeschält, halbiert
1 Huhn aus Freilandhaltung (1 kg)
6 Sternanis
2 schwarze Kardamomkapseln
1 kleine Stange Kassiarinde
50 g Koriandersamen
3 EL Meersalz
200 ml Fischsauce
50 g feiner Zucker

BEILAGEN
1 kg Bohnensprossen
2 Bund Thai-Basilikum
6 Vogelaugen-Chilis, in Ringe geschnitten
3 Biozitronen, in Stücke geschnitten
Sriracha-Chilisauce
Hoisinsauce
Zitronengras-Saté (siehe Seite 177)
Fischsauce

Für (noch) Uneingeweihte ist diese Nudelsuppe ideal, um sich mit der Kunst der Phở-Herstellung vertraut zu machen. Bei Phở gà handelt es sich um eine leckere, leichte Brühe, die durch die kräftigeren Geschmacksnoten der Beilagen perfekt ergänzt wird.

Für die Brühe die Hühnerknochen abspülen, um Blut und Knochensplitter zu entfernen. Die Knochen anschließend in einen großen 10-Liter-Suppentopf legen. So viel kaltes Wasser zugeben, dass die Knochen bedeckt sind, dann alles auf hoher Stufe zum Kochen bringen. Die Knochen 20–30 Minuten auskochen, bis kein Blut mehr an die Oberfläche tritt. Anschließend die Knochen abgießen (die Kochflüssigkeit wird entsorgt) und abspülen, um restliches Blut oder Schaum zu entfernen. Nun die Hühnerknochen zurück in den gesäuberten Topf geben und das Suppenhuhn zufügen (falls verwendet). Den Topf knapp bis zum Rand mit Wasser auffüllen und erneut aufkochen.

Unterdessen Ingwer, Zwiebeln und Knoblauch über der Gasflamme, auf dem Grill oder unter dem Backofengrill anrösten, bis die Schale leicht angesengt ist. Anschließend verbrannte Stellen abspülen und das Gemüse im Ganzen – zusammen mit dem Freilandhuhn – in die Brühe geben. Das Freilandhuhn 15–20 Minuten bzw. so lange garen, bis das Fleisch durch ist, dann aus dem Topf nehmen und zum Abkühlen beiseitestellen.

Das Hühnerfleisch von den Knochen lösen und die Hühnerknochen zurück in die Brühe geben. Das Fleisch in mundgerechte Stücke zerpflücken und beiseitestellen.

Sternanis, Kardamomkapseln, Kassiarinde und Koriandersamen in einer Bratpfanne ohne Zugabe von Öl bei mittlerer Hitze schwach anrösten, bis sich der Duft entfaltet. Die Gewürze in ein Musselin-Seihtuch einbinden und in die Brühe geben. Das Ganze weitere 4–5 Stunden auf mittlerer Stufe sanft köcheln lassen, bis die Brühe auf 70–80 Prozent reduziert ist.

Wenn die Brühe fertig ist, die Knochen, das Suppenhuhn und die Gewürze herausnehmen und entsorgen. Anschließend die *Phở* durch ein feines Sieb in einen sauberen Topf abgießen. Mit Salz, Fischsauce und Zucker würzen. Den Topf bei schwacher Hitze wieder aufs Feuer stellen und die Brühe bis zum Servieren sanft köcheln lassen.

Wasser in einem großen Topf zum Kochen bringen. Die Nudeln portionsweise (etwa 120 bis 150 g pro Person) in einen Nudelkorb aus Metall (siehe Hinweise) geben und jeweils etwa 10 Sekunden ins kochende Wasser tauchen. Die *Phở*-Nudeln anschließend auf große Servierschalen verteilen. Das Hühnerfleisch gleichmäßig auf die Servierschalen verteilen, mit der heißen Brühe auffüllen und mit Zwiebelscheiben, Frühlingszwiebelringen und Koriander krönen.

Die Beilagen auf einer Servierplatte anrichten und auf den Tisch stellen. Die *Phở* servieren und die Gäste bitten, ihre Portion nach persönlichem Gusto zu würzen.

HINWEISE: Frische *Phở*-Nudeln bekommt man in den meisten asiatischen Supermärkten. Können Sie keine finden, greifen Sie zu trockenen, schmalen Reisnudeln (mitunter auch als Pad-Thai-Nudeln bezeichnet). Die Reisnudeln nach Packungsanweisung zubereiten, dann abgießen und auf die Servierschalen verteilen.

Um die frischen Nudeln portionsweise zu kochen, empfiehlt sich ein asiatischer Nudelkorb mit langem Stiel, den man in asiatischen Küchenläden oder über das Internet bekommt.

PHỞ CHAY

PHỞ MIT PILZEN UND TOFU

ERGIBT 6–8 PORTIONEN

- 1 kg frische Phở-Nudeln (siehe Hinweise)
- 500 g Biotofu, in 2 cm große Würfel geschnitten
- 200 g Enoki-Pilze, grob zerteilt
- 200 g Austernpilze
- 1 rote Zwiebel, geschält, in dünne Scheiben geschnitten
- 1 Bund Frühlingszwiebeln, in dünne Ringe geschnitten
- 1 Bund Koriander, Blätter abgezupft

BRÜHE

- 2 Möhren
- 1 kleiner Chinakohl, halbiert oder geviertelt
- ½ Kopf Weißkohl, halbiert oder geviertelt
- 250 g Ingwer, ungeschält
- 1 Zwiebel, ungeschält
- 1 Knoblauchknolle, ungeschält, halbiert
- 4 Sternanis
- 1 schwarze Kardamomkapsel
- 1 kleine Stange Kassiarinde
- 50 g Koriandersamen
- 3 EL Meersalz, nach Geschmack
- 1 EL feiner Zucker zum Abschmecken

BEILAGEN

- 500 g Bohnensprossen
- 1 Bund Thai-Basilikum
- 5 Vogelaugen-Chilis, in Ringe geschnitten
- 3 Biozitronen, in Stücke geschnitten
- Hoisinsauce

Phở chay ist eine geniale Nudelsuppe für alle, die kein Fleisch essen. Wer mag, kann gern anderes Gemüse für die Suppe nehmen, aber Wurzelgemüse und Kohl sind kaum zu schlagen, wenn man einen schönen, runden Geschmack erzielen möchte.

Für die Brühe Möhren, Chinakohl und Weißkohl in einen großen 10-Liter-Suppentopf geben. So viel Wasser zugießen, dass der Topf bis knapp unter den Rand gefüllt ist. Die Brühe bei starker Hitze zum Kochen bringen und den aufsteigenden Schaum von der Oberfläche abschöpfen. Die Hitze reduzieren, bis die Brühe nur noch sanft köchelt.

Unterdessen Ingwer, Zwiebel und Knoblauch über der Gasflamme, auf dem Grill oder unter dem Backofengrill anrösten, bis die Schale leicht angesengt ist. Anschließend verbrannte Stellen abspülen und das Gemüse im Ganzen in die Brühe geben.

Sternanis, Kardamomkapsel, Kassiarinde und Koriandersamen in einer Bratpfanne ohne Zugabe von Öl bei mittlerer Hitze schwach anrösten, bis sich der Duft entfaltet. Die Gewürze in ein Musselin-Seihtuch einbinden und in die Brühe geben. Das Ganze weitere 3–4 Stunden auf mittlerer Stufe köcheln, bis die Brühe auf 70–80 Prozent reduziert ist. Die Brühe durch ein Sieb in einen sauberen Topf abgießen und mit Salz und Zucker würzen. Den Topf wieder aufs Feuer stellen und die *Phở* sanft vor sich hin köcheln lassen. Die festen Bestandteile entsorgen.

Wasser in einem großen Topf zum Kochen bringen. Die Nudeln portionsweise (etwa 120 bis 150 g pro Person) in einen Nudelkorb aus Metall (siehe Hinweise) geben und jeweils etwa 10 Sekunden ins kochende Wasser tauchen. Die *Phở*-Nudeln anschließend auf große Servierschalen verteilen. Tofu und Pilze gleichmäßig darauf anrichten, alles mit der heißen Brühe auffüllen und die Schalen mit Zwiebelscheiben, Frühlingszwiebelringen und Koriander krönen.

Die Beilagen auf einer Servierplatte anordnen und auf den Tisch stellen. Die *Phở* servieren und die Gäste bitten, ihre Portion nach persönlichem Gusto zu würzen.

HINWEISE: Frische *Phở*-Nudeln bekommt man in den meisten asiatischen Supermärkten. Können Sie keine finden, greifen Sie zu trockenen, schmalen Reisnudeln (mitunter auch als Pad-Thai-Nudeln bezeichnet). Die Reisnudeln nach Packungsanweisung zubereiten, dann abgießen und auf die Servierschalen verteilen.

Um die frischen Nudeln portionsweise zu kochen, empfiehlt sich ein asiatischer Nudelkorb mit langem Stiel, den man in asiatischen Küchenläden oder über das Internet bekommt.

PHỞ RICHTIG ESSEN

Mit das Beste an *Phở* ist, dass man die leckere Brühe ganz nach eigenem Geschmack würzen kann. Sie lieben Chili? Dann beweisen Sie Mut – und hinein damit. Sie mögen es gern süß? Kein Problem: Fügen Sie einfach ein wenig Hoisinsauce zu.

Mit diesen Tipps im Hinterkopf machen Sie Ihre *Phở* zu einem Genuss, der ganz und gar auf Ihre Vorlieben abgestimmt ist.

SCHRITT 1 – DIE BRÜHE ABSCHMECKEN

Jede *Phở* schmeckt anders, daher sollten Sie die *Phở*, die vor Ihnen auf dem Tisch steht, erst einmal kosten – dann ist immer noch Zeit, weitere Zutaten hinzuzufügen. Lassen Sie die verschiedenen Aromen auf sich wirken und überlegen Sie, was noch fehlen könnte, um daraus die perfekte Brühe zu machen.

SCHRITT 2 – DIE PHỞ RICHTIG WÜRZEN

Bei der *Phở* dreht sich fast alles darum, dass sie richtig ausbalanciert ist. Zu den Würzzutaten, die ich gern zur Hand habe, gehören frische Zitronen, die angenehme Säure ins Spiel bringen. Fischsauce liefert einen salzigen Kick, Hoisinsauce den süßen Gegenpart, und Sriracha-Chilisauce sorgt für Schärfe. Finden Sie heraus, wonach Ihnen ist, und fügen Sie jeweils nur kleine Mengen davon hinzu. Schmecken Sie Ihre *Phở* dazwischen immer wieder ab, bis alles für Sie auf den Punkt stimmig ist. (Insider-Tipp: Ich reiche zur *Phở* gern meine eigene Dipsauce aus Zitronengras-Saté (siehe Seite 177), Hoisinsauce und Sriracha. Sie eignet sich bestens zum Eindippen proteinreicher Beilagen.)

SCHRITT 3 – FRISCHE ZUTATEN

Hier geht es um die frischen Kräuter, mit denen die *Phở* bereichert wird. In jede *Phở* kommen Bohnensprossen – wie viel, entscheiden Sie. Geben Sie immer nur kleine Mengen davon in die Brühe, da sie sonst zu stark abkühlt. Ich füge zusätzlich gerne Thai-Basilikum hinzu und empfehle ein wenig frischen Chili, damit die *Phở* auch wirklich knackfrisch schmeckt.

SCHRITT 4 – MISCHEN UND GENIESSEN!

Und jetzt mischen Sie alles mit Ihren Essstäbchen und schlürfen Sie Ihre *Phở* mit Genuss!

AM LINH CHI
CÁC LOẠI THUỐC
LẤY NGAY
LÃN ÔNG - 090 328 1499

YAMAHA

REISSUPPE MIT HUHN

ERGIBT 4 PORTIONEN

200 g Jasminreis
2 EL Meersalz
1 EL feiner Zucker
frisch gemahlener weißer Pfeffer zum Garnieren
1 Bund Frühlingszwiebeln, in dünne Ringe geschnitten, zum Garnieren

HÜHNERBRÜHE

1 kg Hühnerknochen
1 Huhn aus Freilandhaltung (1 kg)
1 Zwiebel, geschält
2 Knoblauchzehen, geschält

ZUM SERVIEREN

1 Biozitrone, in Stücke geschnitten
4 Vogelaugen-Chilis, in Ringe geschnitten (optional)
200 g Bohnensprossen
3 EL gebratene Schalotten (siehe Seite 181)
Maggi-Würze

Die Reissuppe mit Huhn kochen wir für die Mitarbeiter meines Restaurants »Annam« oft während der Wintermonate. Die Zubereitung ist supereinfach, und das Gericht wärmt, sättigt und sorgt für Wohlbefinden.

Für die Brühe die Hühnerknochen abspülen, um Blut und Knochensplitter zu entfernen. Die Knochen anschließend in einen großen Suppentopf legen, das Huhn zufügen und mit etwa 3 Litern Wasser bedecken. Zum Kochen bringen und den Schaum von der Oberfläche abschöpfen. Dann die Hitze reduzieren, bis das Ganze nur noch sanft köchelt. Zwiebel und Knoblauch in den Topf geben und die Brühe 30 Minuten köcheln lassen. Nun das Huhn aus dem Topf nehmen und zum Abkühlen beiseitelegen. Die Brühe durchseihen und die festen Bestandteile entsorgen.

Den Jasminreis mit 2 Litern von der Hühnerbrühe in einen Topf geben. Aufkochen und 40 Minuten köcheln lassen, oder bis der Reis völlig gar ist. Die Brühe sollte durch den Reis angedickt sein und einem Porridge ähneln. Mit Salz und Zucker abschmecken.

Das Hühnerfleisch vom Knochen lösen, zerkleinern und zum Reis geben. Die Knochen werden entsorgt.

Die Reissuppe mit Huhn zum Servieren auf Suppenschalen verteilen und mit Pfeffer und Frühlingszwiebelringen garnieren. Zitronenstücke, Chili (falls verwendet), Bohnensprossen und Maggi-Würze auf den Tisch stellen, damit sich jeder nach Herzenslust bedienen und seine Suppe individuell würzen kann.

CHÁO GÀ

BÁNH CUỐN CUA

WEICHE REISMEHL-RÖLLCHEN MIT KREBSFLEISCH

ERGIBT 4–5 PORTIONEN

200 g Reismehl
60 g Klebreismehl
1 EL Pflanzenöl, plus etwas zum Frittieren und Bestreichen
1 Prise Meersalz

FÜLLUNG

2 EL Pflanzenöl
1 TL Ingwer, geschält, fein zerkleinert
2 Knoblauchzehen, geschält, fein zerkleinert
1 Stange Lauch, längs halbiert und in Halbmonde geschnitten
1 EL weiße oder helle Sojasauce
1 TL Kombu-Extraktpulver (siehe Hinweis) oder 1 Prise Meersalz
500 g frisches Krabben- bzw. Krebsfleisch von guter Qualität

ZUM SERVIEREN

2 Vogelaugen-Chilis, in dünne Ringe geschnitten
Gebratene Schalotten (siehe Seite 181)
Nước-mắm-Dipsauce (siehe Seite 176)
180 g blanchierte Bohnensprossen
1 Bund Minze
1 Bund Thai-Basilikum

Bánh cuốn wird traditionell zum Frühstück gegessen, kommt aber auch zu anderen Tageszeiten auf den Tisch. Meine Version fällt ein bisschen üppiger aus als die konventionelle Zubereitungsart, auf die man gewöhnlich in Vietnam stößt.

Mit der Zubereitung müssen Sie schon am Vortag beginnen, da der Teig Zeit zum Ruhen braucht.

Reismehl, Klebreismehl, Öl, Salz und 600 ml Wasser in eine Schüssel geben und alles gut vermischen. Den Teigansatz über Nacht ruhen lassen.

Für die Füllung das Öl im Wok oder in einer großen Pfanne auf mittlerer bis hoher Stufe erhitzen. Ingwer, Knoblauch und Lauch zufügen und unter Rühren 2–3 Minuten braten, bis das Gemüse zart geworden ist und aromatisch duftet. Mit weißer Sojasauce und Kombu-Extrakt würzen, dann das Krabben- bzw. Krebsfleisch zugeben. Alles gut miteinander vermengen und weitere 3 Minuten garen. Den Wok vom Feuer nehmen und zum Abkühlen beiseitestellen.

1 Teelöffel Öl in einer Pfanne mit 15 cm Durchmesser und passendem Deckel auf niedriger Stufe erwärmen und 3 Esslöffel Teig hineingeben. Die Pfanne schwenken, damit sich der Teig gut verteilt, dann den Deckel auflegen und das Reisküchlein 3–5 Minuten backen, bis es gar ist. Einen Teller mit etwas Öl bestreichen und das Reisküchlein daraufstürzen. Ein wenig Krebsfüllung auf die Oberseite geben und das Küchlein zu einer Rolle formen. (Auch mir gelingt dies nicht auf Anhieb, aber doch mit etwas Übung immer besser.)

Diese Arbeitsschritte mit dem restlichen Teig und der restlichen Füllung wiederholen und insgesamt 20 Röllchen formen.

Die Reismehl-Röllchen auf Tellern anrichten und mit ein paar Chili-Ringen, gebratenen Schalotten und ein wenig *Nước-mắm*-Dipsauce garnieren. Mit Bohnensprossen, Minze und Thai-Basilikum als Beilagen servieren.

HINWEIS: Kombu-Extraktpulver bekommen Sie beim japanischen Lebensmittelhändler.

BÁNH MÌ

Das Baguette ist ein Erbe der französischen Kolonialzeit, doch haben es die Vietnamesen geschafft, das schlichte Backwerk noch leckerer zu machen. *Bánh mì* ist außen knusprig, innen leicht und fluffig – und eignet sich damit perfekt als Mahlzeit für unterwegs, die man problemlos mitnehmen kann. Aber *Bánh mì* ist nicht nur der ideale Snack für lange Tage, sondern gleichzeitig ein Frühstücksklassiker. Beim Belag sind der Fantasie kaum Grenzen gesetzt, zu den Grundzutaten gehören jedoch in der Regel eine üppige Pastete, vietnamesische Mayonnaise (mit butterähnlicher Konsistenz), Pickles, Gurken und Frühlingszwiebeln. Die Pastete ist rustikaler als das französische Gegenstück, hat eine deutlich gröbere Textur und ist üppig und feucht, was der Zugabe von Brot und Schweinespeck zu verdanken ist. Die vietnamesische Mayonnaise hält alles zusammen – sparen Sie nicht daran, wenn Ihr *Bánh mì* einen authentischen Geschmack bekommen soll.

In Vietnam hat jede Region ihre eigene Tradition der *Bánh-mì*-Zubereitung. In Hanoi sind die *Bánh mì* lang und dünn, mit einem simplen Belag aus einer proteinhaltigen Zutat, ein wenig Koriander und ein paar Frühlingszwiebelringen. In Zentralvietnam, und dort ganz besonders in Hội An, sind die Brötchen in der Mitte breiter und laufen an den Enden spitz zu. Sie sind außen viel knuspriger und mit köstlich gegrilltem oder gebratenem Fleisch belegt – dazu kommt ein wenig Bratensauce und obendrauf eine Mischung aus vietnamesischem Koriander und vietnamesischer Minze. Im Süden des Landes, insbesondere in Saigon, sind die Brote dicker, außen knusprig und innen so fluffig und weich wie eine Wolke. Diese extravagante Spielart punktet mit einem Belag aus reichlich Mayonnaise *(Bơ)* und viel Fleisch, Gemüse und Kräutern. Sie hat sich im Ausland durchgesetzt und ist auch die Variante, die ich in meinen »Phở-Nom«-Restaurants anbiete.

Wenn Sie in Vietnam sind und nicht wissen, bei welchem Stand Sie *Bánh mì* kaufen sollen, habe ich einen Tipp für Sie: im Zweifelsfall den mit der längsten Warteschlange wählen! Die besten Streetfood-Stände werden ja nicht ohne Grund am häufigsten frequentiert.

BÁNH MÌ HEO QUAY

BÁNH MÌ MIT GEBRATENEM SCHWEINEBAUCH

ERGIBT 4 PORTIONEN

4 Bánh mì (vietnamesische Baguettebrötchen)
Hühnerleber-Terrine (siehe Seite 178) zum Bestreichen
Vietnamesische Mayonnaise (siehe Seite 180) zum Bestreichen
1 EL Hoisinsauce
1 libanesische (kurze) Gurke oder Salatgurke, in 8 lange Spalten geschnitten
2 Frühlingszwiebeln, in 15 cm lange Stücke geschnitten
200 g eingelegte Möhren und Rettiche (siehe Seite 179)
Vogelaugen-Chilis, in Ringe geschnitten, nach Belieben
Korianderblätter nach Belieben

SCHWEINEBAUCH

500 g Schweinebauch mit Schwarte
1 TL Fünfgewürzpulver
Meersalz

Gebratener Schweinebauch. In einem Bánh mì! Kann es einen besseren Belag für ein Sandwich geben?

Den Backofen auf Ober-/Unterhitze 250 °C vorheizen.

Zuerst den Schweinebauch braten. Dafür die Fleischseite mit Fünfgewürzpulver einreiben und mit Salz würzen. Die Schwarte mit einem scharfen Messer einritzen und 2 Esslöffel Salz einmassieren – die Oberfläche soll angeraut werden, damit sie beim Braten kross wird. Den so vorbereiteten Schweinebauch 5 Minuten ruhen lassen.

Jegliche überschüssige Feuchtigkeit abtupfen und das Fleisch mit etwas Salz nachwürzen. Mit der Schwarte nach oben in eine feuerfeste Form legen und 30 Minuten im Ofen braten, bis die Schwarte kross geworden ist. Die Temperatur auf 180 °C reduzieren und den Schweinebauch weitere 30 Minuten garen, bis er durch ist. Aus dem Ofen nehmen und den Schweinebauch ein paar Minuten ruhen lassen, bevor er in dünne Scheiben geschnitten wird.

Die *Bánh mì* jeweils von der Seite her aufschneiden, ohne sie jedoch ganz durchzuschneiden. Die untere Hälfte großzügig mit Hühnerleber-Terrine und vietnamesischer Mayonnaise bestreichen und den aufgeschnittenen Schweinebauch darauflegen. Mit ein wenig Hoisinsauce beträufeln und mit Gurke, Frühlingszwiebeln und eingelegten Pickles krönen. Nach Geschmack mit Chili und Koriander garnieren.

BÁNH MÌ MIT SPIEGELEIERN

ERGIBT 4 PORTIONEN

1 EL Pflanzenöl
8 Eier
4 Bánh mì (vietnamesische Baguettebrötchen)
Hühnerleber-Terrine (siehe Seite 178) zum Bestreichen (für vegetarische Varianten weglassen)
vietnamesische Mayonnaise (siehe Seite 180) zum Bestreichen
200 g eingelegte Möhren und Rettiche (siehe Seite 179)
1 Bund Koriander
2 Frühlingszwiebeln, in 15 cm lange Stücke geschnitten
1 libanesische (kurze) Gurke oder Salatgurke, in 8 lange Spalten geschnitten
2–4 EL Maggi-Würze
Meersalz und frisch gemahlener weißer Pfeffer, nach Belieben
Vogelaugen-Chilis, in Ringe geschnitten, nach Belieben

Ich weiß noch, wie mein Vater am Wochenende für uns Bánh mì mit Spiegeleiern zubereitete. Er briet alle Eier auf einmal in einer großen Pfanne und achtete darauf, dass die Ränder auch wirklich kross waren, bevor er sie mit Maggi beträufelte. Meine Brüder standen ganz aufgeregt mit ihrem Bánh mì in der Hand in der Küche herum und stürzten sich auf die endlich fertig gebratenen Spiegeleier. Um an den Jungs vorbeizukommen und die besten knusprigen Stücke zu ergattern, musste ich schnell sein – sich in Ruhe an den Tisch zu setzen, war da nicht drin!

1 Teelöffel von dem Öl in einer Bratpfanne auf mittlerer bis hoher Stufe erhitzen.

Zwei Eier in die Pfanne schlagen und braten, bis sie an den Rändern knusprig werden. Die Spiegeleier auf einen mit Küchenpapier bedeckten Teller gleiten und dort abtropfen lassen. Diese Arbeitsschritte mit den restlichen Eiern und dem restlichen Öl wiederholen.

Die *Bánh mì* jeweils von der Seite her aufschneiden, ohne sie jedoch ganz durchzuschneiden. Die untere Hälfte großzügig mit Hühnerleber-Terrine und vietnamesischer Mayonnaise bestreichen und die eingelegten Pickles, eine Handvoll Koriander, die Frühlingszwiebelstücke und die Gurkenspalten darauflegen. Das Ganze mit zwei Spiegeleiern krönen und mit etwas Maggi, Salz und Pfeffer würzen. Nach Geschmack mit Chili garnieren.

BÁNH MÌ ỐP LA

BÁNH MÌ XÍU MẠI

BÁNH MÌ MIT HACKBÄLLCHEN

ERGIBT 4 PORTIONEN

4 Bánh mì (vietnamesische Baguettebrötchen)
Hühnerleber-Terrine (siehe Seite 178) zum Bestreichen
vietnamesische Mayonnaise (siehe Seite 180) zum Bestreichen
200 g eingelegte Möhren und Rettiche (siehe Seite 179)
1 gute Handvoll Koriander
2 Frühlingszwiebeln, in 15 cm lange Stücke geschnitten
1 libanesische (kurze) Gurke oder Salatgurke, in 8 lange Spalten geschnitten

HACKBÄLLCHEN
500 g Schweinehack
200 g Wasserkastanien, abgetropft und abgespült, fein gehackt
3 Frühlingszwiebeln, in dünne Ringe geschnitten
3 Schalotten, geschält, fein gehackt
2 Knoblauchzehen, geschält, fein gehackt
1 TL frisch gemahlener weißer Pfeffer
3 EL Fischsauce
1 EL feiner Zucker
1 Ei

SAUCE
3 EL Pflanzenöl
2 Knoblauchzehen, geschält, fein gehackt
4 Schalotten, geschält, fein gewürfelt
1 Tomate, fein gewürfelt
200 ml Hühnerbrühe
2 EL Tomatenmark
2 EL Fischsauce
1 EL feiner Zucker
1 Prise Meersalz

Xíu mại ist ein hervorragendes Beispiel für die Einflüsse chinesischer und französischer kulinarischer Traditionen auf die vietnamesische Küche. In diesem Gericht werden Hackbällchen in einer Tomatensauce gegart und zusammen mit den üblichen Beilagen in ein knuspriges Bánh mì gefüllt. Dieses Gericht zählt während der kälteren Monate zu meinen Lieblingsspeisen.

Für die Hackbällchen alle Zutaten in eine große Schüssel geben und gut vermengen. Den Fleischteig fest gegen die Seiten der Schüssel schlagen, damit sich die Proteine besser verbinden.

Einen Bambus-Dämpfkorb mit Backpapier auslegen und auf einen Topf mit köchelndem Wasser setzen. Aus dem Fleischteig kleine Kugeln formen, in den Bambuskorb legen und 10 Minuten dämpfen. Anschließend herausnehmen und beiseitestellen.

Währenddessen die Sauce zubereiten. Dafür das Öl in einer Pfanne mit dickem Boden auf mittlerer bis hoher Stufe erwärmen. Knoblauch und Schalotten darin 2–3 Minuten weich braten, dann die Tomate zugeben und weitere 4–5 Minuten garen, bis die Tomatenwürfel zerfallen. Nun Hühnerbrühe, Tomatenmark, Fischsauce, Zucker und Salz zufügen und zum Kochen bringen. Die Fleischbällchen in die Sauce legen und die Hitze so weit reduzieren, dass sie nur noch sanft köchelt. Alles nochmals 15 Minuten garen, bis die Hackbällchen weich und zart sind und die Sauce angedickt ist.

Die *Bánh mì* jeweils von der Seite her aufschneiden, ohne sie jedoch ganz durchzuschneiden. Die untere Hälfte großzügig mit Hühnerleber-Terrine und vietnamesischer Mayonnaise bestreichen und die eingelegten Pickles, den Koriander, die Frühlingszwiebeln und die Gurke darauflegen. Die Hackbällchen sowie die Sauce gleichmäßig darauf verteilen und das *Bánh mì* servieren.

BÁNH MÌ
ĐỒNG GIÁ:
GIÒ CHẢ + THỊT
KÍNH MỜI

PHNOM-PENH-NUDELSUPPE

ERGIBT 8–10 PORTIONEN

1 kg Tintenfisch-Tuben, gesäubert und eingeritzt
16 rohe Garnelen, geschält und entdarmt, Schwänze unversehrt
300 g Schweineleber
500 g Schweinehack
400 g dünne Bún (Reisnudeln)
160 ml Knoblauchöl (siehe Seite 180)
1 Bund Frühlingszwiebeln, in dünne Ringe geschnitten, zum Garnieren
1 Bund Koriander, Blätter abgezupft, zum Garnieren
2 EL frisch gemahlener weißer Pfeffer zum Garnieren
4 EL gehackter eingesalzener Rettich (siehe Hinweis) zum Garnieren

BRÜHE

2 kg Schweineknochen
3 kg Hühnerknochen
1 kg Schweinelende
2 ganze getrocknete Tintenfische (siehe Hinweis), abgespült
40 g getrocknete Garnelen
1 Daikon (weißer Rettich)
3 ganze eingesalzene Rettiche (siehe Hinweis)
1 Knoblauchknolle, halbiert
60 g Meersalz
300 ml Fischsauce
150 g feiner Zucker

Meine Eltern führten früher ein Restaurant in Phnom Penh, in dem es ausschließlich dieses Gericht gab. Das Rezept stammte aus der kambodschanischen Metropole – »Nam Vang« heißt nichts anderes als Phnom Penh. Mittlerweile hat es das Gericht auch nach Vietnam geschafft, aber ich finde, meine Mutter macht die Phnom-Penh-Nudelsuppe immer noch am besten – hier kommt ihr Rezept.

Für die Brühe die Schweine- und Hühnerknochen unter fließend kaltem Wasser abspülen, um Blut und Knochensplitter zu entfernen. Die Knochen anschließend in einen großen 10-Liter-Suppentopf legen, mit kaltem Wasser bedecken und zum Kochen bringen. Anschließend die Knochen abgießen (die Kochflüssigkeit wird entsorgt) und abspülen, um restliches Blut oder Schaum zu entfernen. Nun die Knochen zurück in den gesäuberten Topf geben und die Schweinelende zufügen. Den Topf knapp bis zum Rand mit Wasser auffüllen und erneut aufkochen, dabei den Schaum von der Oberfläche entfernen.

Getrockneten Tintenfisch, getrocknete Garnelen, Daikon, eingesalzene Rettiche und Knoblauch zugeben und alles 45 Minuten sanft köcheln lassen, bis die Schweinelende durch ist. Das Fleisch in eine mit Eiswasser gefüllte Schüssel legen und 10 Minuten ruhen lassen, dann abgießen und in dünne Scheiben schneiden.

Die Brühe weitere 4–5 Stunden köcheln, bis sie auf 80 Prozent reduziert ist. Mit Salz, Fischsauce und Zucker würzen, dann durch ein Sieb in einen sauberen Topf abgießen und die festen Bestandteile entsorgen. Die Brühe auf niedriger Stufe warmhalten.

Inzwischen einen Topf mit Wasser zum Kochen bringen, den Tintenfisch und die rohen Garnelen hineingeben und 3 Minuten kochen, bis sie knapp gar sind. Mit einem Schaumlöffel herausnehmen und sofort in Eiswasser tauchen. Abgießen und beiseitestellen.

Das Wasser erneut zum Kochen bringen, die Schweineleber zufügen und etwa 15 Minuten kochen lassen, bis die Leber knapp durch ist. Abgießen und die Leber sofort in Eiswasser tauchen, dann abgießen und in dünne Scheiben schneiden.

Das Schweinehack in einer Pfanne auf mittlerer bis hoher Stufe erhitzen und eine Kelle Brühe zufügen, um die Bestandteile voneinander zu lösen. Alles 5 Minuten garen, bis das Hack durch ist. Anschließend beiseitestellen.

ZUM SERVIEREN
1 kg Bohnensprossen
4 Vogelaugen-Chilis, in Ringe geschnitten
Sojasauce
Biozitronenstücke (optional)

HINWEIS: Eingesalzenen (fermentierten) Rettich und getrockneten Tintenfisch bekommt man über das Internet bzw. in den meisten asiatischen Supermärkten.

Einen weiteren Topf mit Wasser füllen und dieses zum Kochen bringen. Die Nudeln portionieren und mithilfe eines Nudelkorbs (falls vorhanden) nacheinander laut Packungsanweisung zubereiten. Alternativ alle Nudeln auf einmal kochen, abgießen und rasch auf Servierschalen verteilen. Ein wenig Knoblauchöl auf die Nudeln träufeln, damit sie nicht zusammenkleben. Jede Portion mit Garnelen, Tintenfisch, Schweineleber, Schweinelende und Schweinehack krönen. Die Brühe zugießen und das Gericht mit Frühlingszwiebeln, Koriander, Pfeffer, eingesalzenem Rettich und dem verbleibenden Knoblauchöl garnieren.

Sofort servieren und Bohnensprossen, Chiliringe, Sojasauce und Zitronenstücke (falls verwendet) dazureichen – so kann jeder Gast seine Nudelsuppe ganz individuell würzen.

HỦ TIẾU NAM VANG

MÌ SỦI CẢO

GARNELEN-TÄSCHCHEN MIT EIERNUDELN

ERGIBT 8–10 PORTIONEN

2 EL Pflanzenöl
8–10 Portionen frische dünne Eiernudeln (ein Bündel pro Portion)
80 ml Knoblauchöl (siehe Seite 180)
300 g gegrilltes Schweinefleisch (im China-Imbiss erhältlich), in Scheiben geschnitten
1 Bund chinesischer Sellerie, Blätter grob gehackt, zum Garnieren

BRÜHE

5 kg Hühnerknochen
1 Daikon (weißer Rettich)
2 Zwiebeln, geschält
1 Knoblauchknolle, halbiert
60 g Meersalz
150 g feiner Zucker
200 ml Fischsauce

GARNELEN-TÄSCHCHEN

500 g rohe Garnelen (Shrimps), geschält und entdarmt
2 Frühlingszwiebeln, in dünne Ringe geschnitten
50 g Judasohrpilze (oder Mu-Err-Pilze), gehackt
1 Schalotte, geschält, gehackt
1 Knoblauchzehe, geschält, gehackt
1 Prise frisch gemahlener weißer Pfeffer
2 EL Fischsauce
1 EL feiner Zucker
1 Pck. (200 g) Wantan-Teigblätter

ZUM SERVIEREN

500 g Bohnensprossen
4 lange rote Chilischoten, in Ringe geschnitten
2 Biozitronen, in Stücke geschnitten
Sojasauce

Das ist ein wirklich einfaches Rezept, das ich immer in größeren Mengen zubereite und zusammen mit den Teigtaschen portionsweise einfriere. Dieses Gericht ist ideal für den Start in einen langen, arbeitsreichen Tag. Sie brauchen nur die Brühe und die Teigtaschen zu erwärmen und ein paar Nudeln zu kochen – und schon ist das Frühstück fertig.

Für die Brühe die Hühnerknochen abspülen, um Blut und Knochensplitter zu entfernen. Die Knochen in einen großen Suppentopf legen und 8 Liter kaltes Wasser zugießen. Zum Kochen bringen und den Schaum von der Oberfläche abschöpfen. Nun Daikon, Zwiebeln und Knoblauch zufügen, die Hitze reduzieren und die Brühe 2 Stunden köcheln lassen.

Inzwischen die Garnelen-Täschchen zubereiten. Dafür die Garnelen grob zerkleinern. In einer großen Schüssel mit Frühlingszwiebeln, Judasohren, Schalotte, Knoblauch und weißem Pfeffer mischen. Die Füllung mit Fischsauce und Zucker würzen.

Jeweils 1 Teelöffel der Garnelenfüllung in die Mitte eines jeden Wantan-Teigblattes geben. Die Teigränder mit etwas Wasser befeuchten und das Teigblatt diagonal zu einem Dreieck falten, dabei die eventuell eingeschlossene Luft vorsichtig herausdrücken. Die beiden äußeren Ecken mit etwas Wasser anfeuchten, anheben und fest zusammenpressen. Auf diese Weise auch die weiteren Teigtäschchen zubereiten, bis die Füllung und der Teig verbraucht sind.

Die fertige Brühe mit Salz, Zucker und Fischsauce abschmecken. In einen sauberen Topf abgießen und die festen Bestandteile entsorgen. Auf niedriger Stufe warm halten.

Einen mit Wasser gefüllten Topf zum Kochen bringen. Die Teigtäschchen portionsweise hineingeben und jeweils 5 Minuten kochen. Mit einem Schaumlöffel herausnehmen, auf einen Teller gleiten lassen und mit etwas Pflanzenöl beträufeln, damit sie nicht zusammenkleben.

In demselben Topf die Nudeln portionsweise kochen, dabei die Nudeln mit einer Küchenzange hin und her bewegen, um die Stärke zu lösen. Die Nudeln nach 1 Minute herausnehmen, unter fließend kaltem Wasser abspülen und 15 Sekunden erneut ins kochende Wasser geben. Abtropfen lassen und in einer Servierschale anrichten. Die Nudeln mit etwas Knoblauchöl beträufeln, dann die Arbeitsschritte mit den restlichen Nudeln und dem restlichen Knoblauchöl wiederholen.

Das gegrillte Schweinefleisch und die Garnelen-Täschchen auf die Nudeln geben, die Schalen mit Brühe auffüllen und mit Selleriblättern garnieren. Bohnensprossen, Chiliringe, Sojasauce und Zitronenstücke (falls verwendet) dazureichen – so kann jeder Gast seine Schale ganz individuell würzen.

KAFFEE

Kaffee spielt im Alltagsleben Vietnams eine wichtige Rolle. Wer am Vormittag ein bisschen Zeit hat, verbringt diese oftmals im Coffeeshop, plaudert dort mit Freunden, spielt Schach oder schaut zu, was auf der Straße so los ist.

Vietnam ist der zweitgrößte Kaffeeproduzent der Welt. Der Großteil wird im Bergland von Đà Lạt angebaut, von wo auch der weltberühmte Zibetkaffee stammt.

Die für die Zubereitung wichtigen vietnamesischen Kaffeefilter sind preiswert und gehören zum Angebot der meisten asiatischen Supermärkte.

CÀ PHÊ SỮA ĐÁ

VIETNAMESISCHER EISKAFFEE

ERGIBT 1 PORTION

Kondensmilch
2 TL gemahlener vietnamesischer Kaffee
zerstoßenes Eis zum Servieren

Die Kondensmilch in ein Glas geben – die Menge hängt ganz davon ab, wie süß Sie Ihren Eiskaffee trinken möchten!

Einen vietnamesischen Kaffeefilter auf das Glas setzen, den gemahlenen Kaffee hineingeben und den Filter bis zum Rand mit kochendem Wasser füllen.

Ist der Kaffee durchgelaufen, den Filter abnehmen. Kondensmilch und Kaffee gut verrühren, dann nach Belieben zerstoßenes Eis zugeben und genießen.

SỮA CHUA CÀ PHÊ

FROZEN-JOGHURT-KAFFEE

ERGIBT 1 PORTION

3 EL vietnamesischer Joghurt (siehe Seite 84)
2 TL gemahlener vietnamesischer Kaffee
zerstoßenes Eis zum Servieren

Den Joghurt 2–3 Stunden im Tiefkühlfach durchfrieren lassen.

Einen vietnamesischen Kaffeefilter auf das Glas setzen, den gemahlenen Kaffee hineingeben und den Filter bis zum Rand mit kochendem Wasser füllen.

Ist der Kaffee durchgelaufen, den Filter abnehmen. Das Glas zur Hälfte mit zerstoßenem Eis füllen und den Frozen Joghurt daraufgeben. Guten Appetit!

CÀ PHÊ TRỨNG

EIER-KAFFEE

ERGIBT 1 PORTION

2 TL gemahlener vietnamesischer Kaffee
2 Eigelb
3 EL Kondensmilch

Eine Kaffeetasse in eine große Schüssel stellen und diese mit heißem Wasser auffüllen (so bleibt der Kaffee heiß, während er durchläuft). Einen vietnamesischen Kaffeefilter auf die Tasse setzen, den gemahlenen Kaffee hineingeben und den Filter bis zum Rand mit kochendem Wasser füllen.

Eigelb und Kondensmilch kräftig miteinander verquirlen, bis die Mischung leicht und fluffig ist.

Ist der Kaffee durchgelaufen, den Filter abnehmen und die Eiermilch vorsichtig mit einem Löffel auf der Oberfläche verteilen.

Nun entweder die süße Eiermilch mit dem Kaffee verrühren oder das leckere Topping mit dem Löffel essen und den Kaffee darunter schwarz genießen.

VIETNAMESISCHER EISKAFFEE

FROZEN-JOGHURT-KAFFEE
EIER-KAFFEE

STREETFOOD

Vietnamesen essen für ihr Leben gern! Den ganzen Tag über sieht man Menschen, die sich an Snacks wie Sommerrollen, Frühlingsrollen, gegrillten Maiskolben oder weichen *Bánh-bèo*-Küchlein erfreuen. Ganz zu schweigen vom wohl beliebtesten Snack der Nation: unreifes Obst wie Mango, Guave oder gelbe und rote Mombinpflaume. Wenn man die Früchte in Chilisalz dippt, entfaltet sich im Mund eine unglaubliche Geschmacksexplosion salziger, saurer, pikanter und süßer Noten, und all das mit einem knackigen Crunch.

Ich bin tagsüber oft auf der Suche nach bestimmten Snacks, denn einige davon werden nur zu bestimmten Tageszeiten verkauft. So isst man vietnamesischen Joghurt, mit oder ohne Klebreis, meist morgens, knusprige Pfannkuchen wie *Bánh khọt* und *Bánh xèo* dagegen später am Tag. Aber ganz egal, wie spät es ist – man findet in den belebten Straßen immer etwas Leckeres zu naschen!

PIKANTE MINI-KOKOS-PFANNKUCHEN

ERGIBT 4 PORTIONEN

425 g Reismehl
1 TL gemahlene Kurkuma
250 g Kokoscreme
1 TL Meersalz
1 EL Pflanzenöl, plus etwas zum Einfetten und Braten
25–30 kleine rohe Garnelen (Shrimps), geschält und entdarmt

ZUM SERVIEREN
3 EL Garnelenseide (siehe Seite 182)
eingelegte Möhren und Rettiche (siehe Seite 179)
Vogelaugen-Chilis, in dünne Ringe geschnitten
125 ml Nước-mắm-Dipsauce (siehe Seite 176)

Diese Pfannkuchen sind ein köstlicher Snack, außen knusprig und innen weich und cremig. Bei mir zu Hause gibt es sie leider viel zu selten – dabei ist die Zubereitung so einfach! Ich esse die Báhn khọt jedes Jahr beim Tết-Fest am vietnamesischen Neujahrstag. Dann feiert alle Welt draußen auf der Straße, eine Atmosphäre, die mich immer an Vietnam erinnert.

Reismehl, Kurkuma, Kokoscreme, Salz und 600 ml Wasser in einer Schüssel vermengen. Das Öl zufügen und alles gut durchrühren, damit keine Klümpchen entstehen. Den Pfannkuchenteig mindestens 2 Stunden ruhen lassen.

Den Teig nach der Ruhezeit noch einmal kräftig durchrühren.

Eine *Bánh-khọt*-Pfanne mit 12 Mulden (siehe Hinweis) auf mittlerer Stufe erhitzen und die Mulden großzügig fetten. Den Teig mit einem Löffel in die Mulden geben und diese bis zum Rand füllen. Dabei zügig arbeiten, damit alles auf einmal gar wird. Jeden Pfannkuchen mit einer Garnele krönen, dann den Deckel auflegen und die Pfannkuchen 1 Minute backen.

Den Deckel abnehmen und die Ränder jedes *Bánh khọt* mit etwas Öl beträufeln, damit die Pfannkuchen schön knusprig werden und sich leicht aus den Mulden lösen lassen. Je mehr Öl man nimmt, desto knuspriger werden sie. Die Pfannkuchen weitere 7–10 Minuten braten, bis der Teig sich wunderschön gelb gefärbt hat. Die *Bánh khọt* mit einem Löffel aus der Pfanne nehmen und auf einen Teller gleiten lassen. Mit ½ Teelöffel Garnelenseide, ein paar eingelegten Pickles und Chili-Ringen garnieren.

Mit der *Nước-mắm*-Dipsauce zum Beträufeln und Dippen servieren und sofort essen – frisch aus der Pfanne schmecken sie am besten. Den restlichen Teig wie beschrieben zu weiteren Pfannkuchen verarbeiten, bis alle Zutaten aufgebraucht sind.

HINWEIS: *Bánh-khọt*-Pfannen bekommt man über das Internet sowie in den meisten asiatischen Küchenläden. Alternativ kann man auch eine Pfanne für Poffertjes nehmen – ich habe sogar schon einfallsreiche Hobbyköche erlebt, die Muffinförmchen verwendet haben.

BÁNH KHỌT

BÁNH XÈO

KNUSPRIGE VIETNAMESISCHE PFANNKUCHEN

ERGIBT 4 PORTIONEN

340 g Reismehl
125 ml Kokosmilch
2 TL gemahlene Kurkuma
2 EL Pflanzenöl, plus etwas zum Beträufeln
1 TL Meersalz
1 Ei
500 g Schweinebauch
16 kleine rohe Garnelen (Shrimps), geschält, entdarmt und längs halbiert
500 g Bohnensprossen

ZUM SERVIEREN
Kopfsalatblätter oder Senfblätter
1 Bund vietnamesischer Koriander
1 Bund Minze
1 Bund Shiso
Nước-mắm-Dipsauce (siehe Seite 176)

Xèo bedeutet so viel wie zischen – und Bánh xèo bezieht sich auf das Geräusch, das der Pfannkuchenteig macht, wenn er in die heiße Pfanne kommt. Ich liebe diese knusprigen Pfannkuchen und die aromatischen, frischen Kräuter, die es dazu gibt. Am liebsten wickle ich kleine Pfannkuchenstücke zusammen mit ein paar Kräutern in ein Salatblatt, meine Mutter nimmt dafür lieber Senfblätter. Ich rolle alles auf, so gut es eben geht, und tauche die Rolle in die Nước-mắm-Dipsauce. Im Eifer des Gefechts läuft mir ab und zu auch mal ein bisschen Sauce über den Arm! Übrigens: Nur Neulinge gießen die Dipsauce über die Röllchen – machen Sie es besser wie ein echter Vietnamese und stippen Sie das Röllchen ein!

Reismehl, Kokosmilch, Kurkuma, Öl, Salz, Ei und 600 ml Wasser in einer Schüssel vermengen. Den Pfannkuchenteig beiseitestellen und mindestens 3 Stunden ruhen lassen.

Wasser in einem großen Topf zum Kochen bringen und 1 Prise Salz zufügen. Den Schweinebauch hineingeben, dann die Hitze reduzieren und das Fleisch 40 Minuten köcheln lassen. Den Schweinebauch abgießen und zum Abkühlen beiseitestellen, dann in dünne Scheiben schneiden.

Eine mittelgroße Pfanne mit Antihaftbeschichtung auf mittlerer bis hoher Stufe erhitzen. 5–6 Scheiben Schweinebauch hineingeben und unter Rühren 2–3 Minuten anbraten, bis das Fleisch sich schwach golden gefärbt hat. Etwa 60 ml Teig zufügen und die Pfanne rasch durchschwenken, damit sich der Teig gleichmäßig verteilt und der Schweinebauch bedeckt ist (überschüssigen Teig zurück in die Schüssel geben – je dünner der Pfannkuchen ist, desto knuspriger wird er). Den Pfannkuchen 5–7 Minuten backen, bis die Unterseite goldbraun schimmert, dann etwas Öl in die Pfanne träufeln, damit er noch knuspriger wird. 4 halbierte Garnelen und 1 Handvoll Bohnensprossen auf eine Hälfte des Pfannkuchens geben und die andere Hälfte darüberklappen. Nochmals 2 Minuten garen, dann den Pfannkuchen aus der Pfanne nehmen, auf eine Servierplatte gleiten lassen und auf den Tisch stellen (frisch aus der Pfanne schmecken die *Bánh xèo* am besten).

Die Kopfsalat- oder Senfblätter und die Kräuter auf einen großen Teller legen und in die Tischmitte stellen, sodass sich jeder selbst bedienen kann. Ermutigen Sie die Gäste, ein Stück Pfannkuchen abzureißen, es auf ein Salatblatt zu legen und mit ein paar Kräutern zu garnieren. Das Salatblatt fest aufrollen und in die *Nước-mắm*-Dipsauce stippen.

Die restlichen Zutaten wie beschrieben zu weiteren sieben Pfannkuchen verarbeiten.

FRITTIERTE GARNELEN-SÜSSKARTOFFEL-KÜCHLEIN

ERGIBT 4 PORTIONEN

2 l Pflanzenöl zum Frittieren
500 g Süßkartoffeln, geschält und in dünne Stäbchen geschnitten
200 g kleine, ganze Garnelen

TEIG
200 g Reismehl
200 g Klebreismehl
200 g Tapiokastärke

ZUM SERVIEREN
1 Eisbergsalat, Blätter voneinander getrennt
1 Bund vietnamesischer Koriander, Blätter abgezupft
1 Bund Shiso, Blätter abgezupft
Nước-mắm-Dipsauce (siehe Seite 176)

Zum ersten Mal aß ich diese Küchlein in Hanoi am West Lake, bei einer Frau, die ihren Stand gleich am Ufer aufgebaut hatte. Der Duft der frittierten Garnelen zog mich magisch an, daher ließ ich mich bei ihr auf einen Stuhl fallen, der viel zu klein für mein Hinterteil war (dies passiert mir in Vietnam dauernd, ich wünschte, sie würden größere Plastikstühle herstellen!). An jenem Tag habe ich Unmengen dieser Küchlein verdrückt – den Geschmack werde ich nie vergessen. Dieses Rezept hier ist meine Interpretation des Gerichtes.

Für den Teig die entsprechenden Zutaten mit 250 ml Wasser in einer großen Schüssel verrühren, dabei darauf achten, dass keine Klümpchen entstehen.

Das Öl in einem großen Topf auf mittlerer bis hoher Stufe mithilfe eines Küchenthermometers auf 180 °C erhitzen.

Süßkartoffelstäbchen und Garnelen in den Teig geben und alles vorsichtig durchmischen, damit sich die Zutaten mit Teig überziehen. Die Mixtur in der Schüssel grob in 8 Portionen aufteilen. 4 Portionen mithilfe eines Löffels vorsichtig in das heiße Öl gleiten lassen und die Küchlein unter gelegentlichem Wenden 8–10 Minuten ausbacken, bis sie knusprig und golden gefärbt sind. Die frittierten Küchlein mit einem Schaumlöffel aus dem Öl nehmen und auf einem mit Küchenpapier ausgelegten Teller abtropfen lassen. Diese Arbeitsschritte mit den restlichen 4 Teigportionen wiederholen.

Die Küchlein entweder auf einer großen Servierplatte oder auf Einzeltellern anrichten und Salatblätter, vietnamesischen Koriander, Shiso und *Nước-mắm*-Dipsauce dazureichen. Die Küchlein zusammen mit ein paar Kräutern in die Salatblätter wickeln, dann in die *Nước-mắm*-Dipsauce tauchen. Guten Appetit!

BÁNH TÔM

BÁNH BÈO

KÜCHLEIN MIT SPECK UND MUNGBOHNEN

ERGIBT 4–6 PORTIONEN

100 g getrocknete Spalt-Mungbohnen (Mung dal)
200 g Schweinespeck, in große Würfel geschnitten
Pflanzenöl zum Einfetten
3 EL Garnelenseide **(siehe Seite 182)**
80 ml Frühlingszwiebelöl **(siehe Seite 176)**
Nước-mắm-Dipsauce **(siehe Seite 176)** **zum Beträufeln und Dippen**

TEIG
340 g Reismehl
2 EL Tapiokastärke
1 TL Meersalz
2 TL Pflanzenöl

Wann immer ich nach Saigon komme, führt mich mein erster Weg zu einem kleinen Stand auf dem Bến-Thành-Markt, wo es unglaublich leckere Bánh-bèo-Küchlein gibt. Die Chefin lächelt niemals und richtet die Bánh bèo an, während ihre Angestellten bedienen und die Tische abräumen. Ein Teller reicht mir nie, ich bestelle jedes Mal einen zweiten. Und eines Tages bringe ich sie dazu, mir ein Lächeln zu schenken!

Mit der Zubereitung dieses Gerichtes müssen Sie schon am Vortag beginnen.

Die Mungbohnen in eine große Schüssel geben, mit kaltem Wasser bedecken und über Nacht einweichen.

Für den Teig die entsprechenden Zutaten mit 1 Liter Wasser in einer großen Schüssel verrühren. Den Teig anschließend 2 Stunden ruhen lassen.

Inzwischen die Mungbohnen abgießen, in einen Topf geben und mit Wasser bedecken. Bei niedriger bis mittlerer Hitze 10–15 Minuten köcheln lassen, bis sie weich sind. Die Bohnen abgießen und in einem Mixer zu einem glatten Püree verarbeiten.

Den Schweinespeck in einer Pfanne auf hoher Stufe erhitzen. Das Fett 15–20 Minuten austreten lassen, danach sollte der Speck schön knusprig sein. Auf einen mit Küchenpapier ausgelegten Teller legen und abtropfen lassen.

Ich dämpfe meine *Bánh bèo* in der Regel in kleinen Dipschälchen. Zunächst fette ich die Schalen mit etwas Öl ein, damit sich die Küchlein später besser lösen. Dann stelle ich die Schalen (in mehreren Arbeitsgängen) in einen großen Bambus-Dämpfkorb und fülle jeweils 2 Esslöffel Teig ein – nicht mehr, die Schicht soll nicht zu dick werden. Den Dämpfkorb auf einen Topf mit köchelndem Wasser setzen und die Küchlein 10 Minuten dämpfen, bis sie fest geworden sind. Die Küchlein behutsam aus den Dipschälchen herausnehmen. Diese Arbeitsschritte wiederholen, bis der gesamte Teig aufgebraucht ist.

Zum Servieren etwas Mungbohnen-Püree, 3–4 Stückchen Speck und ein wenig Garnelenseide auf die Küchlein geben. Mit Frühlingszwiebelöl und etwas *Nước-mắm*-Dipsauce beträufeln. Zusätzlich *Nước-mắm*-Dipsauce reichen, damit jeder sein Küchlein nach Belieben einstippen kann.

REISPAPIER

Reispapier ist die Grundlage vieler vietnamesischer Gerichte. Es eignet sich perfekt zum Einrollen verschiedenster Zutaten und sorgt zudem für Geschmack und Textur. Zum Einsatz kommt es natürlich in den allseits bekannten und heiß geliebten Reispapierröllchen sowie als Beigabe zu Salatplatten, um darin Kräuter, Fleisch und Fisch einzuwickeln.

Das Reispapier, das man auf vietnamesischen Märkten bekommt, entsteht von Hand in einem langen, arbeitsreichen Prozess. Zuerst wird Reis fein vermahlen, dann aus dem Mehl ein Teig hergestellt. Anschließend streicht man eine dünne Teigschicht auf ein Musselin-Seihtuch, legt dieses über einen Topf mit kochendem Wasser und dämpft den Teig ein paar Minuten lang. Dann wird das Teigblatt abgenommen und auf einem Bambusgestell zum Trocknen in die Sonne gelegt. Die traditionelle Reispapierherstellung ist faszinierend, die Akteure eilen scheinbar mühelos zwischen Teigbottich, Dampftöpfen und Bambusgestell hin und her – doch lassen Sie sich nicht täuschen!

Echtes vietnamesisches Reispapier ist viel dünner als die Ware, die wir im Supermarkt kaufen können. Das hier erhältliche Reispapier ist dicker und muss – je nach Stärke – in kaltes oder warmes Wasser getaucht werden und Feuchtigkeit aufnehmen, bevor es gebrauchsfertig ist. Das auf vietnamesischen Märkten erhältliche Reispapier wird dagegen nur mit ein wenig Wasser benetzt. Oft reicht es auch, das Reispapier mit Früchten wie Ananas oder Sternfrucht geschmeidig zu machen, wenn es als Beilage zu einem Salat in die Mitte des Tisches gestellt wird.

Ich beziehe mein wunderbar dünnes Reispapier direkt von den Märkten in Vietnam. Mit Vorliebe serviere ich es zu im Ganzen gegrilltem Fisch und zu Steaks, aber auch sehr gern als Beilage zu Salatplatten mit Kräutern und Obst wie Ananas und Granny-Smith-Äpfeln. Ich empfehle, das Reispapier vor dem Zusammenrollen mit Obststücken anzufeuchten – so, wie wir es in Vietnam machen.

SOMMERROLLEN MIT SCHWEINEBAUCH UND GARNELEN

ERGIBT 12 STÜCK

500 g Schweinebauch
1 Stängel Zitronengras (nur die weißen Teile), in dünne Ringe geschnitten
6 Knoblauchzehen, geschält, halbiert
1 lange rote Chilischote, längs halbiert
50 g Bún (Reisnudeln)
12 große, runde Reispapierblätter
1 Bund Minze, Blätter abgezupft
1 Bund vietnamesischer Koriander, Blätter abgezupft
1 Friséesalat, geputzt und gewaschen
12 mittelgroße gekochte Garnelen, geschält und entdarmt, der Länge nach halbiert

HOISIN-DIPSAUCE

200 ml Hoisinsauce
50 g Kokoscreme
1 EL Sriracha-Chilisauce
3 EL geröstete Erdnüsse (siehe Seite 182)

Das ist mein Sommerrollen-Rezept für alle Fälle. Es ist simpel, authentisch und einfach genial!

Den Schweinebauch in einen Topf legen und mit kaltem Wasser bedecken. Zitronengras, Knoblauch und Chili zufügen und auf hoher Stufe zum Kochen bringen. Die Hitze reduzieren und den Schweinebauch 30 Minuten sanft köcheln, bis das Fleisch durch ist. Aus dem Topf nehmen, zum Abkühlen beiseitestellen, dann in dünne Scheiben schneiden.

Die Nudeln nach Packungsanweisung garen, abgießen und unter fließend kaltem Wasser abspülen, bis sie ausgekühlt sind. Beiseitestellen.

Eine große Schüssel mit kaltem Wasser füllen. Reispapierblätter, aufgeschnittenen Schweinebauch, gekochte Nudeln, Kräuter, Salat und Garnelen auf die Arbeitsfläche stellen.

Ein Reispapierblatt in die Wasserschüssel tauchen, umdrehen und kontrollieren, ob das Blatt wirklich an allen Stellen nass geworden ist. Überschüssiges Wasser abschütteln und das Reispapierblatt flach auf ein sauberes Schneidebrett legen. Als Füllung zunächst ein paar Nudeln und dann ein wenig vom Schweinebauch, von den Kräutern, Salatblättern und Garnelen in die Mitte geben (ich lasse gern an beiden Enden etwas Salat überstehen).

Beginnen Sie an der Seite des Reispapiers, die Ihnen am nächsten ist, und schlagen Sie das Papier über der Füllung ein. Dann rollen Sie das Papier zu einer festen Rolle auf. Wiederholen Sie diese Arbeitsschritte, bis 12 Sommerrollen fertig sind. Wer mag, halbiert die Rollen vor dem Servieren.

Hoisinsauce, Kokoscreme und Sriracha-Chilisauce in einer kleinen Kasserolle bei niedriger Hitze erwärmen und die Zutaten gut verrühren. Vom Feuer nehmen und die Sauce auf Dipschälchen verteilen. Die Erdnüsse darüberstreuen und die Dipsauce zu den Sommerrollen reichen.

GỎI CUỐN TÔM THỊT HEO

GỎI CUỐN CÁ HỒI

SOMMERROLLEN MIT LACHS UND APFEL

ERGIBT 4 PORTIONEN

12 mittelgroße runde Reispapierblätter
200 g Lachsfilet ohne Haut in Sashimi-Qualität, in 2 cm dicke Scheiben geschnitten
1 Bund Asia-Salat Mizuna, geputzt und gewaschen
2 Granny-Smith-Äpfel, entkernt und in dünne Stäbchen geschnitten

WASABI-MAYONNAISE
125 g Kewpie-Mayonnaise (japanische Mayonnaise)
2 EL Wasabi-Paste

Hier kommt meine Interpretation einer japanisch geprägten Sommerrolle, die mit rohem Lachs und dem knackigen, säuerlichen Geschmack grüner Äpfel punktet. Werden Sie ruhig kreativ, was die Füllung Ihrer Reispapierrollen angeht. Es gibt so gut wie keine Regeln – aber meiden Sie weiche Früchte. Sie eignen sich nicht dafür und führen unweigerlich zu einer Enttäuschung.

Für die Dipsauce Kewpie-Mayonnaise und Wasabi-Paste in einer Schüssel verrühren und beiseitestellen.

Eine große Schüssel mit kaltem Wasser füllen. Reispapierblätter, Lachs, Mizuna-Salatblätter und Apfelstückchen auf die Arbeitsfläche legen.

Jeweils ein Reispapierblatt in die Wasserschüssel tauchen, umdrehen und kontrollieren, ob das Blatt wirklich an allen Stellen nass geworden ist. Überschüssiges Wasser abschütteln und das Reispapierblatt flach auf ein sauberes Schneidebrett legen. Als Füllung zunächst ein paar Salatblätter und einige Apfelstückchen in die Mitte geben.

Beginnen Sie an der Seite des Reispapiers, die Ihnen am nächsten ist, und schlagen Sie das Papier vorsichtig über der Füllung ein. Dann rollen Sie das Papier zu einer festen Rolle auf. Wenn das Ende der Rolle fast erreicht ist, eine Scheibe Lachs quer auf das Papier legen und mit einrollen. Wiederholen Sie diese Arbeitsschritte, bis 12 Rollen fertig sind. Die Rollen vor dem Servieren in 2–3 Stücke teilen, damit sie wie Sushi aussehen.

Jedes Stück mit einem kleinen Klecks Wasabi-Mayonnaise garnieren. Alternativ die Mayonnaise in kleinen Dipschälchen auf den Tisch stellen.

HANOI-FRÜHLINGSROLLEN

ERGIBT 20 STÜCK

20 kleine Reispapierblätter
2 l Pflanzenöl zum Frittieren
Nước-mắm-Dipsauce (siehe Seite 176) zum Servieren

FÜLLUNG

50 g Glasnudeln
500 g Schweinehack
50 g Judasohrpilze (oder Mu-Err-Pilze), grob gehackt
1 EL Fischsauce, bei Bedarf mehr
1 EL Zucker, bei Bedarf mehr
1 TL frisch gemahlener weißer Pfeffer, bei Bedarf mehr

SALAT

1 Bund Minze
1 Bund vietnamesischer Koriander
1 Bund Shiso
1 Eisbergsalat, Blätter voneinander getrennt

In Vietnam stellt man Frühlingsrollen traditionell aus Reispapier her und nicht aus den dünnen Teigblättern, wie sie in anderen südostasiatischen Ländern oder in China verwendet werden. Frittiertes Reispapier ist unübertroffen knackig und knusprig – genau das, was Vietnamesen lieben.

Zunächst die Füllung zubereiten. Dafür die Glasnudeln in einer Schüssel mit kaltem Wasser 30 Minuten quellen lassen, dann abgießen und mit der Küchenschere in kleine Stücke zerschneiden.

In einer großen Schüssel Glasnudeln, Schweinehack, Pilze, Fischsauce, Zucker und weißen Pfeffer gründlich miteinander vermengen. Zum Abschmecken 2 Teelöffel der Mischung in einer kleinen Pfanne auf mittlerer Stufe braten oder 30 Sekunden in der Mikrowelle garen. Probieren und bei Bedarf die noch nicht gegarte Füllung mit Fischsauce, Zucker oder weißem Pfeffer nachwürzen, um die süßen und salzigen Geschmackskomponenten perfekt auszubalancieren.

Kräuter und Salatblätter auf einer großen Servierplatte anrichten.

Jeweils ein Reispapierblatt leicht mit Wasser besprühen und die überschüssige Feuchtigkeit abwischen. Das Reispapierblatt flach auf ein sauberes Schneidebrett legen. Etwa 1 Esslöffel der Füllung in die Mitte geben, dann die Enden einschlagen und das Reispapier fest aufrollen, sodass eine Art Zigarre entsteht. Diese Arbeitsschritte mit den restlichen Reispapierblättern und der Füllung wiederholen und auf diese Weise insgesamt 20 Frühlingsrollen formen.

Das Öl in einem großen Topf mithilfe eines Küchenthermometers auf 180 °C erhitzen.

Die Frühlingsrollen portionsweise jeweils 10–12 Minuten im heißen Öl frittieren, bis sie golden gefärbt und knusprig sind. Mit einem Schaumlöffel herausnehmen und auf einem mit Küchenpapier ausgelegten Teller abtropfen lassen.

Mit den Salatblättern, Kräutern und der *Nước-mắm*-Dipsauce servieren. Eine Frühlingsrolle auf ein Salatblatt legen und mit ein paar Kräutern garnieren. Nun das Salatblatt aufrollen und in die Dipsauce stippen.

NEM RÁN

BÁNH CANH
THƯỢNG HẠNG
NOODLE
Borax free
100% Không có hàn the
Net 1kg
BÚN BÒ HUẾ
Vermicelli
Bảo đảm:

MEKONG
SOUP NOODLES
Phở
Đặc biệt bột gạo
Mềm dẻo
牛肉雞肉粉
RICE STICK
RIJSTNOEDELS
REISNUDELN
BÁNH PHỞ

CHẢ GIÒ CUA VÀ THỊT HEO

FRÜHLINGSROLLEN MIT KREBSFLEISCH UND HACK

ERGIBT 20 STÜCK

20 mittelgroße Reispapierblätter
2 l Pflanzenöl zum Frittieren
Nước-mắm-Dipsauce (siehe Seite 176) zum Servieren

FÜLLUNG

500 g Schweinehack
2 Schalotten, geschält, fein gewürfelt
2 Knoblauchzehen, geschält, gehackt
2 EL Fischsauce, bei Bedarf mehr
1 EL Zucker, bei Bedarf mehr
1 Prise frisch gemahlener weißer Pfeffer
50 g Judasohrpilze (oder Mu-Err-Pilze), grob gehackt
300 g frisches Krebsfleisch

SALAT

1 Eisbergsalat oder Kopfsalat, Blätter voneinander getrennt
1 Bund Minze, Blätter abgezupft
1 Bund vietnamesischer Koriander, Blätter abgezupft
1 Bund Shiso, Blätter abgezupft

Ich habe dieses Gericht vor ein paar Jahren zum ersten Mal in einer kleinen Gasse in der Altstadt von Hanoi gegessen. Der Geschmack war einfach und köstlich, die Konsistenz wunderbar knusprig. Ich musste das Rezept einfach nachbauen und in dieses Buch aufnehmen!

Für die Füllung in einer großen Schüssel alle Zutaten bis auf das Krebsfleisch gründlich miteinander vermengen. Zum Abschmecken 2 Teelöffel der Mischung in einer kleinen Pfanne auf mittlerer Stufe braten oder 30 Sekunden in der Mikrowelle garen. Probieren und bei Bedarf die noch nicht gegarte Füllung mit Fischsauce und/oder Zucker nachwürzen, um die süßen und salzigen Geschmackskomponenten perfekt auszubalancieren.

Kräuter und Salatblätter auf einer großen Servierplatte anrichten.

Jetzt die Frühlingsrollen machen! Dafür jeweils ein Reispapierblatt leicht mit Wasser besprühen und die überschüssige Feuchtigkeit abwischen. Das Reispapierblatt flach auf ein sauberes Schneidebrett legen. Etwa 1 Esslöffel der Füllung in die Mitte geben und mit 2 Teelöffeln Krebsfleisch krönen. Dann alle vier Seiten des Reispapiers fest über der Füllung einschlagen, sodass ein kompaktes Rechteck entsteht. Diese Arbeitsschritte mit den restlichen Reispapierblättern und der Füllung wiederholen und auf diese Weise insgesamt 20 Frühlingsrollen formen.

Das Öl in einem großen Topf mithilfe eines Küchenthermometers auf 180 °C erhitzen.

Die Frühlingsrollen portionsweise jeweils 7–10 Minuten im heißen Öl frittieren, bis sie golden schimmern und knusprig sind. Mit einem Schaumlöffel herausnehmen und auf einem mit Küchenpapier ausgelegten Teller abtropfen lassen.

Mit den Salatblättern, Kräutern und der *Nước-mắm*-Dipsauce servieren. Eine Frühlingsrolle auf ein Salatblatt legen und mit ein paar Kräutern garnieren. Nun das Salatblatt aufrollen und in die Dipsauce stippen.

GEGRILLTE MAISKOLBEN MIT SCHMELZKÄSE

ERGIBT 4 STÜCK

2 Lap-Cheong-Würste (chinesische Trockenwurst), fein gewürfelt
4 Maiskolben, Hüllblätter und Bärte entfernt
80 g Kewpie-Mayonnaise
4 kleine Ecken Schmelzkäse (z. B. »La vache qui rit«)
3 EL Frühlingszwiebelöl (siehe Seite 176)

Gegrillte Maiskolben werden in ganz Vietnam als Streetfood verkauft. Hier kommt meine Variante dieses Klassikers, mit Kewpie-Mayo und Schmelzkäse aufgepeppt – übrigens eine geniale Beilage zu jedem Barbecue.

Einen Holzkohlegrill vorbereiten oder einen Barbecue-Grill auf hoher Stufe vorheizen.

Eine kleine Pfanne auf mittlerer Stufe erhitzen und die Lap-Cheong-Würste hineinlegen. 5–7 Minuten braten, bis das Fett ausgetreten und die Wurst knusprig ist. Auf einem mit Küchenpapier ausgelegten Teller abtropfen lassen.

Wenn der Holzkohlegrill bereit ist (die Holzkohle sollte rot glühen), die Maiskolben auf das Rost legen und 12–15 Minuten grillen, bis sie gebräunt und an manchen Stellen leicht angesengt sind. Nicht vergessen, die Maiskolben dabei regelmäßig zu wenden.

Kewpie-Mayonnaise und Schmelzkäse in einer Schüssel gut miteinander vermengen. Auf einen Teller geben und die gegrillten Maiskolben darin hin- und herrollen, bis sie gleichmäßig mit der Mischung überzogen sind. Die Kolben zum Schluss mit den Wurstwürfeln »panieren«.

Die Maiskolben auf einer Servierplatte anrichten und mit Frühlingszwiebelöl beträufeln. Sofort auf den Tisch bringen.

BẮP NƯỚNG PHÔ MAI

SỮA CHUA NẾP CẨM

JOGHURT MIT SCHWARZEM KLEBREIS

ERGIBT 4 PORTIONEN

350 schwarzer Klebereis, über Nacht in kaltem Wasser eingeweicht
2 Pandan-Blätter
60 g geriebener Palmzucker
1 Prise Meersalz
500 g vietnamesischer Joghurt (siehe Seite 84)

Ich liebe die Konsistenz von schwarzem Klebreis. Nach dem Kochen hat er noch Biss – ein wunderbarer Kontrast zum cremigen Joghurt. Wer mag, fügt frische Früchte ganz nach Wahl hinzu. Reife Mango eignet sich hierfür hervorragend und erfreut sich in Vietnam großer Beliebtheit.

Den Reis abspülen und abtropfen lassen, dann mit den Pandan-Blättern und 4 Litern Wasser in einen großen Topf geben. Alles auf mittlerer bis hoher Stufe zum Kochen bringen. Die Hitze reduzieren und den Reis 30 Minuten sanft köcheln lassen. Dann Palmzucker und Salz unterrühren und alles nochmals 20 Minuten köcheln, bis der Reis weich ist, aber noch Biss hat. Das Wasser sollte jetzt komplett aufgenommen sein. Den Reis in eine Schüssel geben und zum Abkühlen in den Kühlschrank stellen.

Den Klebreis auf vier große Gläser verteilen und mit dem vietnamesischen Joghurt auffüllen. Auf den Tisch bringen und genießen.

VIETNAMESISCHER JOGHURT

ERGIBT 12 GLÄSER

1 Dose Kondensmilch (à 395 g)
60 g Naturjoghurt

Ich werde oft gefragt, warum vietnamesischer Joghurt so anders schmeckt. Die Antwort ist ganz einfach – wir nehmen Kondensmilch dafür! Das macht den Joghurt nicht nur ein wenig süßer, sondern auch etwas fester.

Die Kondensmilch in eine große Schüssel gießen. Die Dose zweimal mit heißem und einmal mit zimmerwarmem Wasser füllen und mit in die Schüssel geben. Alles mit dem Schneebesen gut durchschlagen, dann den Joghurt unterrühren. Die Mischung durch ein Sieb gießen und auf 12 kleinere Gläser verteilen. Alternativ in ein großes Glas geben. Die Gläser gut verschließen.

Die Gläser in einen großen Topf stellen und so viel kochendes Wasser zugießen, dass sie zu drei Vierteln im Wasser stehen. Den Deckel auflegen und die Joghurtgläser mindestens 8 Stunden, am besten aber über Nacht, in dem Topf stehen lassen.

Die Gläser aus dem Topf nehmen und in den Kühlschrank stellen, bis der Joghurt fest geworden und vollständig durchgekühlt ist.

SỮA CHUA

MITTAGESSEN

Beim Mittagessen hat es die arbeitende Bevölkerung in Vietnam in der Regel eilig. Die Pause reicht gerade, um eine Schale Nudeln oder einen Reisteller zu essen, bevor es wieder an die Arbeit geht. Meist werden reichhaltige Tellergerichte serviert, die oftmals aus Reis und verschiedenen Fleischsorten bestehen. Zu meinen Favoriten gehört *Cơm tấm* – gegrilltes Schweinekotelett, Hackbraten, klein geschnittenes Schweineohr und Salat, alles zusammen auf einem Teller angerichtet. Mittags kommen auch vermehrt sättigende Nudelsuppen wie *Bún bò huế* oder gegrilltes Fleisch mit frischen Nudelsalaten auf den Tisch, etwa *Bún thịt nướng* – angesichts der Mittagshitze eine perfekte, erfrischende Mahlzeit.

GEGRILLTE BRATLINGE MIT KRÄUTERN UND REISNUDELN

ERGIBT 4–6 PORTIONEN

500 g Schweinehack
50 g Schweinespeck, gehackt
500 g Schweinebauch, in dünne Scheiben geschnitten
100 g Bún (dünne Reisnudeln)
250 ml Hühnerbrühe (siehe Seite 34 oder im Laden gekauft)
250 ml Nước-mắm-Dipsauce (siehe Seite 176)

MARINADE
200 ml Fischsauce
100 g feiner Zucker
1–3 Knoblauchzehen, geschält, fein gehackt
5 Schalotten, geschält, fein gehackt
3 EL Pflanzenöl
1 Prise frisch gemahlener weißer Pfeffer

PICKLES
200 g grüne Papaya, geschält, in dünne Scheiben geschnitten
1 Möhre, geschält, in dünne Scheiben geschnitten
200 ml Einlegeflüssigkeit (siehe Seite 179)

SALAT
1 Bund Minze
1 Bund vietnamesischer Koriander
1 Bund Shiso (optional)

Als mir dieses Gericht zum ersten Mal in Hanoi begegnete, war ich nicht sicher, wie ich es essen sollte – und fand heraus, dass Reisnudeln hier völlig anders als im Süden Vietnams gegessen werden. Kräuter und Reisnudeln wurden separat serviert, dazu gab es eine Schüssel mit gegrilltem Fleisch in einer Nước-mắm-Brühe. Sollte ich Nudeln und Kräuter in die Brühe geben, wie wir es im Süden machten? Auf keinen Fall: Hier greift man sich mit den Essstäbchen ein paar Nudeln und Kräuter, taucht diese in die Nước-mắm-Brühe und schiebt sie in den Mund. Erst dann nimmt man sich etwas von dem Fleisch – eine Reihenfolge, die einen superleckeren Genuss garantiert.

Die Zutaten für die Marinade in einer kleinen Schüssel verrühren.

Schweinehack und -speck in eine große Schüssel und den Schweinebauch in eine zweite Schüssel geben. Die Hälfte der Marinade über Hack und Speck geben und alles gut durchmischen. Den Fleischteig ein paar Mal kräftig gegen die Seiten der Schüssel schlagen, um die Luft herauszupressen (so fallen die Bratlinge beim Grillen nicht auseinander). Anschließend im Kühlschrank mindestens 3 Stunden – am besten über Nacht – durchziehen lassen.

Die restliche Marinade über den aufgeschnittenen Schweinebauch gießen. Alles gut vermengen und im Kühlschrank durchziehen lassen.

Für die Pickles grüne Papaya und Möhre in eine Schüssel geben. Die Einlegeflüssigkeit zugießen – die Zutaten sollen komplett bedeckt sein – und 2 Stunden ruhen lassen.

Den Fleischteig zu Bällchen formen und nochmals für 1–2 Stunden in den Kühlschrank stellen, damit die Bratlinge fest werden.

Einen Holzkohlegrill vorbereiten. Sie können dieses Gericht auch auf einem Barbecue-Grill zubereiten, allerdings geht dabei das rauchige Aroma verloren.

Die Nudeln nach Packungsanweisung kochen. Abgießen und unter fließend kaltem Wasser abspülen, dann abtropfen lassen und beiseitestellen.

Die Hühnerbrühe in einem Topf auf mittlerer Stufe erwärmen.

Wenn der Holzkohlegrill bereit ist (die Holzkohle sollte rot glühen), die Bratlinge mit der Handfläche etwas flacher drücken und auf das Grillrost legen. Nun den Schweinebauch vorsichtig dazulegen, dabei darauf achten, dass kein Fett auf die Holzkohle tropft. Es dürfen keine Flammen aufschießen, da das Fleisch dadurch schwarz werden und einen bitteren Geschmack bekommen würde. Die Bratlinge und Schweinebauchscheiben unter regelmäßigem Wenden 7–10 Minuten grillen, bis alles durchgegart ist.

Zum Servieren die gekochten Nudeln und die Salatzutaten auf einer großen Servierplatte anrichten. Die Pickles abtropfen lassen und gleichmäßig auf kleine Suppenschalen verteilen. Mit den Bratlingen und Schweinebauchscheiben krönen und die Schalen mit der warmen Hühnerbrühe und Nước-mắm-Dipsauce auffüllen.

Ermuntern Sie die Gäste, ein paar Nudeln und Kräuter in die Brühe zu tauchen und zu essen, danach genießt man Fleisch und Pickles. Guten Appetit!

BÚN CHẢ HANOI

GEGRILLTES SCHWEINEFLEISCH MIT VERMICELLI-NUDELSALAT

ERGIBT 4 PORTIONEN

600 g Schweineschulter ohne Knochen, in dünne Scheiben geschnitten
200 g Vermicelli (dünne Reisnudeln)
½ Kopfsalat, in Streifen geschnitten (optional)
2 libanesische (kurze) Gurken oder 1 Salatgurke, in Julienne-Streifen geschnitten
150 g eingelegte Möhren und Rettiche (siehe Seite 179)
2 EL gebratene Schalotten (siehe Seite 181)
80 ml Frühlingszwiebelöl (siehe Seite 176)
1 Bund Minze, Blätter abgezupft
1 Bund vietnamesischer Koriander, Blätter abgezupft
100 g geröstete Erdnüsse (siehe Seite 182)
Nước-mấm-Dipsauce (siehe Seite 176) zum Servieren

MARINADE

2 Schalotten, geschält, fein gehackt
2 Knoblauchzehen, geschält, fein gehackt
1 EL Honig
3 EL Fischsauce
3 EL Pflanzenöl
1 EL feiner Zucker

Vermicelli-Nudelsalat ist in Rekordzeit zubereitet und in der heißen Jahreszeit genau das, worauf man Appetit hat. Dieses Gericht ist die im Süden Vietnams gängige Version von Bún chả (siehe Seite 88).

Die Zutaten für die Marinade in einer großen Schüssel so lange verrühren, bis sich Zucker und Honig aufgelöst haben. Das Schweinefleisch zufügen und gut in der Marinade wenden. Die Schüssel mindestens 4 Stunden, besser über Nacht, in den Kühlschrank stellen.

Einen Holzkohlegrill vorbereiten oder einen Barbecue-Grill auf mittlerer bis hoher Stufe vorheizen.

Die Nudeln nach Packungsanweisung kochen. Abgießen und unter fließend kaltem Wasser abspülen, bis sie kühl sind. Dann abtropfen lassen und beiseitestellen.

Wenn der Holzkohlegrill bereit ist (die Holzkohle sollte rot glühen), die Schweinefleischscheiben auf das Grillrost legen und unter häufigem Wenden 8–10 Minuten grillen, bis das Fleisch goldbraun gefärbt ist. Anschließend auf einen großen Teller legen.

Die Nudeln gleichmäßig auf 4 Schalen verteilen und zerkleinerten Kopfsalat (falls verwendet), Gurke und eingelegte Pickles zufügen. Mit dem Schweinefleisch und gebratenen Schalotten krönen und das Frühlingszwiebelöl darüberträufeln. Mit einer Handvoll Kräutern garnieren und zusammen mit den gerösteten Erdnüssen und *Nước-mấm*-Dipsauce servieren, damit sich jeder nach Belieben davon nehmen kann.

BÚN THỊT NƯỚNG

NUDELN MIT SCHWEINEFLEISCH UND KOKOSCREME

ERGIBT 4 PORTIONEN

300 g Vermicelli (Reisnudeln)
180 g Bohnensprossen, blanchiert
1 Kopfsalat, in Streifen geschnitten
1 libanesische (kurze) Gurke oder Salatgurke, in Julienne-Streifen geschnitten
60 ml Frühlingszwiebelöl (siehe Seite 176)
1 Handvoll Kräuter, z. B. Minze und vietnamesischer Koriander, grob gehackt
200 g eingelegte Möhren und Rettiche (siehe Seite 179)
50 g gebratene Schalotten (siehe Seite 181)
250 ml Nước-mắm-Dipsauce (siehe Seite 176)

SCHWEINEFLEISCH (SIEHE HINWEISE)

500 g Schweineschulter ohne Knochen
100 g Jasminreis
50 g Schweinehaut, in dünne Scheiben geschnitten (siehe Hinweise)
2 Knoblauchzehen, geschält, fein gehackt
1 EL feiner Zucker
1 EL Meersalz
3 EL Knoblauchöl (siehe Seite 180)

KOKOSCREME

500 ml Kokosmilch
1 TL feiner Zucker
1 TL Meersalz

Meine Frau ist ein absoluter Fan dieses Gerichtes! Sie findet es perfekt ausbalanciert und liebt das geniale Zusammenspiel von Reisnudeln mit ihrer leckeren Textur, frischen Kräutern, Schweinefleisch (gibt es irgendjemanden, der kein Schweinefleisch mag?) und üppiger Kokoscreme. Dieses oberleckere Nudelgericht ist wirklich jede Mühe wert.

Zunächst das Schweinefleisch zubereiten. Dafür Wasser in einem großen Topf zum Kochen bringen, das Schweinefleisch hineinlegen und 40 Minuten kochen lassen. Das Fleisch aus dem Topf nehmen und zum Abkühlen in eine Schüssel mit Eiswasser legen. Abgießen und mit Küchenpapier trocken tupfen.

Inzwischen den Jasminreis in einer Pfanne ohne Zugabe von Öl auf mittlerer Stufe unter häufigem Rühren 20–30 Minuten sanft anrösten, bis er sich goldbraun gefärbt hat. Den Reis aus der Pfanne nehmen und abkühlen lassen, dann in der Küchenmaschine sehr fein zerkleinern.

Die Nudeln nach Packungsanweisung kochen. Abgießen und unter fließend kaltem Wasser abspülen, bis sie abgekühlt sind. Dann abtropfen lassen und beiseitestellen.

Für die Kokoscreme die Kokosmilch in einem Topf auf mittlerer Stufe erwärmen. Zucker und Salz zufügen und so lange rühren, bis sich alles aufgelöst hat. 10 Minuten köcheln lassen, bis die Kokosmilch angedickt ist und eine cremige Konsistenz hat.

Das Schweinefleisch in streichholzgroße Stückchen zerteilen, die Schweinehaut unter fließend kaltem Wasser abspülen und abtropfen lassen. Fleisch und Haut in einer Schüssel mit dem fein zerkleinerten angerösteten Reis, Knoblauch, Zucker, Salz und Knoblauchöl mischen.

Zum Servieren die Bohnensprossen auf 4 Servierschalen verteilen. Die Nudeln dazugeben, den Fleisch-Mix darauf verteilen und alles mit Kokoscreme beträufeln. Mit zerkleinertem Kopfsalat, Gurke, Frühlingszwiebelöl, Kräutern, eingelegten Pickles und gebratenen Schalotten garnieren. Die *Nước-mắm*-Dipsauce separat servieren, damit sich jeder nach Belieben bedienen kann.

HINWEISE: Das im Rezept erwähnte fein geschnetzelte Schweinefleisch ist eine beliebte Beilage zu vielen vietnamesischen Speisen (von anderen Nudelgerichten bis zu *Bánh mì*). Es lohnt sich, damit zu experimentieren!

Küchenfertig vorbereitete Schweinehaut bekommt man im asiatischen Lebensmittelhandel. Hierbei handelt es sich um die vom Fett befreite Haut, die gekocht und in sehr feine Streifen geschnitten ist.

BÁNH TẰM BÌ

NUDELSUPPE MIT KREBSKLÖSSCHEN

ERGIBT 8 PORTIONEN

200 g gestocktes Schweineblut (beim Asia-Fleischer bestellen), in 3 cm große Würfel geschnitten
1 Pck. frittierter Tofu à 250 g, gewürfelt
4 reife Tomaten, halbiert
450 g dünne Bún (Reisnudeln)
1 Bund Frühlingszwiebeln, in dünne Ringe geschnitten
1 Bund Koriander, Blättchen abgezupft
Garnelenpaste zum Servieren (optional)

BRÜHE

1 kg Schweineknochen (Knochen von der Haxe geben den besten Geschmack)
2 kg Hühnerknochen
1 kg Schweinshaxe, in 8–10 etwa 3 cm dicke Scheiben geschnitten (überlassen Sie dies dem Metzger)
300 ml Fischsauce
100 g feiner Zucker
2 EL Meersalz

KREBSKLÖSSCHEN

1 EL Pflanzenöl
2 Knoblauchzehen, geschält, fein gehackt
2 Schalotten, geschält, fein gehackt
1 Glas Krebspaste mit Sojabohnenöl à 200 g (siehe Hinweis)
70 g getrocknete Garnelen, mindestens 2 Stunden in Wasser eingeweicht, abgetropft und fein gehackt
500 g Schweinehack
2 Eier
250 g frisches Krebsfleisch
1 EL Fischsauce
2 TL feiner Zucker

Wenn ich diese Nudelsuppe bei mir zu Hause koche, lande ich immer einen Hit. Lassen Sie sich von der Länge des Rezeptes nicht abschrecken – die Suppe gelingt immer, schmeckt fantastisch, und jeder holt sich einen Nachschlag.

Für die Brühe die Schweine- und Hühnerknochen sowie die Schweinshaxe unter fließend kaltem Wasser abspülen, um Blut und Knochensplitter zu entfernen. Knochen und Haxe anschließend in einen großen 10-Liter-Suppentopf legen. So viel kaltes Wasser zugießen, dass Knochen und Haxe bedeckt sind, dann alles auf hoher Stufe aufkochen und 10 Minuten köcheln lassen. Anschließend abgießen und abspülen, um restliches Blut oder Schaum zu entfernen. Nun die Knochen zurück in den gesäuberten Topf geben, diesen knapp bis zum Rand mit Wasser auffüllen und alles erneut zum Kochen bringen, dabei den Schaum von der Oberfläche abschöpfen. Die Haxe in den Topf geben, die Hitze reduzieren und 45 Minuten sanft köcheln lassen, bis die Schweinshaxe weich und zart ist. Die Haxe aus dem Topf nehmen und zum Abkühlen beiseitestellen. Die Brühe weitere 3–4 Stunden kochen, bis die Flüssigkeit auf 70–80 Prozent eingekocht ist. Mit Fischsauce, Zucker und Salz würzen, dann die Brühe durch ein feines Sieb in einen sauberen Topf abgießen. Die Knochen werden entsorgt.

Für die Krebsklößchen das Öl in einer Pfanne auf mittlerer Stufe erhitzen. Knoblauch und Schalotten zufügen und 2–3 Minuten anschwitzen, bis sich der Duft entfaltet. Die Krebspaste und die getrockneten Garnelen in die Pfanne geben und 5 Minuten mitgaren, dann alles zum Abkühlen beiseitestellen. Schweinehack, Eier, Krebsfleisch und den abgekühlten Garnelen-Mix in einer Schüssel gut vermengen und mit Fischsauce und Zucker würzen.

Für den Salat die Blätter vom Wasserspinat abpflücken und für eine andere Verwendung aufheben. Die Stängel mithilfe des Wasserspinat-Schneiders (siehe Seite 16) in dünne Späne zerteilen. Haben Sie kein solches Gerät zur Hand, schneiden Sie die Wasserspinat-Stängel einfach der Länge nach in Julienne-Streifen. Die fein zerteilten Stängel bis zum Servieren in kaltes Wasser legen, dann abgießen und in eine Servierschüssel geben.

Die restlichen Salatzutaten in Servierschalen oder auf einer Platte anrichten.

Wasser in einem Topf zum Kochen bringen, die Schweineblutwürfel hinzufügen und 10 Minuten kochen. Die Würfel anschließend herausnehmen und in Eiswasser legen. Erst abgießen, wenn sie abgekühlt sind.

Jetzt die Krebsklößchen zubereiten. Dafür die Brühe zunächst wieder zum Köcheln bringen. Dann von der Garnelen-Krebs-Masse mit

SALAT
500 g Wasserspinat
1 kg Bohnensprossen
1 Bund Minze, Blättchen abgezupft (optional)
1 Bund Shisoblätter

HINWEIS: Krebspaste mit Sojaöl bekommt man im asiatischen Supermarkt.

dem Löffel Bällchen abstechen und portionsweise (immer nur 6–8 Klößchen auf einmal) in der Brühe garen. Wenn die Klößchen an die Oberfläche aufgestiegen sind, werden sie noch weitere 5 Minuten gegart und dann mit einem Schaumlöffel aus der Brühe genommen.

Tofu und Tomaten in die Brühe geben und bei niedriger Hitze 10 Minuten mitkochen.

Die Nudeln nach Packungsanweisung garen, dann abgießen und unter fließend kaltem Wasser abkühlen. Anschließend abtropfen lassen und beiseitestellen.

Die Nudeln auf 8 flache Schalen verteilen und diese gleichmäßig mit Brühe, Tomaten und Tofu auffüllen. Krebsklößchen, Schweineblut und Schweinshaxenscheiben zufügen und alles mit Frühlingszwiebeln und Koriander garnieren.

Den Salat und kleine Schälchen mit Garnelenpaste (falls verwendet) in die Tischmitte stellen, damit sich jeder Gast nach Belieben bedienen kann. Guten Appetit.

BÚN RIÊU CUA

WÜRZIGE NUDELSUPPE MIT RINDFLEISCH

ERGIBT 8–10 PORTIONEN

200 g gestocktes Schweineblut (beim Asia-Fleischer bestellen), in 3 cm große Würfel geschnitten
400 g dicke Bún (Reisnudeln)
200 g Chả lụa (vietnamesische Wurst), in Scheiben geschnitten
1 Bund Frühlingszwiebeln, in dünne Ringe geschnitten, zum Garnieren
1 rote Zwiebel, geschält und in dünne Scheiben geschnitten, zum Garnieren
1 Bund Koriander, Blättchen abgezupft, zum Garnieren
4 lange rote Chilischoten, in Ringe geschnitten
4 Biozitronen, in Stücke geschnitten (optional)

BRÜHE
5 kg Rinderknochen aus der Haxe
1 kg Schweinshaxe, in 8–10 etwa 3 cm dicke Scheiben geschnitten (überlassen Sie dies dem Metzger)
2 kg Rindfleisch zum Schmoren
200 g Ananas, geschält und Strunk entfernt, in große Stücke geschnitten
4 Stängel Zitronengras (nur weiße Teile verwenden), zerdrückt
2 Zwiebeln, geschält
3 EL Meersalz
200 ml Fischsauce
100 g feiner Zucker

So würzig! Und so gut. Diese berühmte Nudelsuppe aus Huế ist unglaublich aromatisch und punktet zusätzlich mit reichlich Zitronengras und Chili. Beim Essen bricht mir jedes Mal der Schweiß aus!

Für die Brühe die Rinderknochen sowie die Schweinshaxe unter fließend kaltem Wasser abspülen, um Blut und Knochensplitter zu entfernen. Knochen und Haxe sowie das Rindfleisch anschließend in einen großen 10-Liter-Suppentopf legen. So viel kaltes Wasser zugießen, dass Knochen, Haxe und Schmorfleisch bedeckt sind, dann alles auf hoher Stufe aufkochen und 10 Minuten köcheln lassen. Anschließend abgießen und Knochen sowie Haxe abspülen, um restliches Blut oder Schaum zu entfernen. Nun Knochen, Haxe und Schmorfleisch zurück in den gesäuberten Topf geben, diesen knapp bis zum Rand mit Wasser auffüllen und erneut aufkochen, dabei den Schaum von der Oberfläche abschöpfen. Die Hitze reduzieren und 45 Minuten sanft köcheln lassen, bis die Schweinshaxe zart und durchgegart ist. Die Haxe aus dem Topf nehmen, in Eiswasser tauchen, abtropfen lassen und beiseitestellen.

Ananas, Zitronengras und Zwiebeln in die Brühe geben und weitere 2 Stunden kochen lassen, bis das Rindfleisch weich ist. Das Fleisch aus der Brühe nehmen, in Eiswasser tauchen und anschließend abtropfen lassen. Dünn aufschneiden und beiseitestellen.

Die Brühe weitere 3 Stunden kochen, bis die Flüssigkeit auf 70 Prozent eingekocht ist. Mit Salz, Fischsauce und Zucker würzen, dann die Brühe durch ein feines Sieb in einen sauberen Topf abgießen und bei schwacher Hitze warm halten. Die Knochen werden entsorgt.

Für das Chili-Saté das Annatto-Öl mit Schalotten, Zitronengras, Knoblauch und zerdrücktem Chili in einen Topf geben. Auf mittlerer Stufe erhitzen und 3–4 Minuten anschwitzen, bis alles weich und aromatisch ist. Nun Garnelenpaste, Fischsauce, Zucker und Chiliflocken zufügen und unter häufigem Rühren weitere 4–5 Minuten garen. Zum Abkühlen beiseitestellen.

Wasser in einem Topf zum Kochen bringen, die Schweineblutwürfel hinzufügen und 10 Minuten kochen. Die Würfel anschließend herausnehmen und in Eiswasser legen. Erst abgießen, wenn sie abgekühlt sind, und anschließend beiseitestellen.

Für den Salat eine säurebeständige Schüssel mit kaltem Wasser füllen und den Zitronensaft darüber auspressen. Von der Bananenblüte die äußeren Schichten und Fruchtblüten entfernen (und entsorgen), bis das hell gefärbte Innere zum Vorschein kommt. Die Bananenblüte längs halbieren und die Fruchtblüten im Inneren ebenfalls entfernen. Die Bananenblüte in dünne Scheiben schneiden und diese sofort in das Zitronenwasser gleiten lassen. 30 Minuten ruhen lassen, dann abgießen und in eine Servierschüssel geben. Die restlichen Salatzutaten zufügen und alles miteinander mischen.

CHILI-SATÉ
160 ml Annatto-Öl (siehe Seite 184)
3 Schalotten, geschält, fein gehackt
2 Stängel Zitronengras, fein gehackt
4 Knoblauchzehen, geschält, fein gehackt
4 Vogelaugen-Chilis, fein gehackt
3 EL Garnelenpaste
2 EL Fischsauce
2 EL feiner Zucker
30 g Chiliflocken

BANANENBLÜTEN-SALAT
1 Zitrone
1 Bananenblüte
500 g Bohnensprossen
1 Bund Thai-Basilikum, Blätter abgezupft
1 Bund Shiso, Blätter abgezupft
100 g zerkleinerte Wasserspinat-Stängel (siehe Seite 16)

Die Brühe wieder zum Kochen bringen und Schweinshaxe sowie Chili-Saté hineingeben.

Die Nudeln nach Packungsanweisung garen, dann abgießen und auf Suppenschalen verteilen. Jede Portion mit Rindfleisch, Schweinshaxe, *Chả lụa* und Schweineblut krönen. Die Schalen mit Brühe auffüllen und mit Frühlingszwiebeln, roter Zwiebel und Koriander garnieren. Den Salat, die Chili-Ringe und die Zitronenstücke (falls verwendet) in die Tischmittel stellen, damit sich jeder Gast nach Belieben bedienen kann.

BÚN BÒ HUẾ

REISNUDELSUPPE MIT KREBSEN

ERGIBT 8 PORTIONEN

8 ganze Blaue Schwimmkrebse oder 4 ganze Mangrovenkrebse, küchenfertig
1,2 kg frische Bánh canh (Tapioka-Nudeln) (siehe Hinweis)
1 Bund Frühlingszwiebeln, in dünne Ringe geschnitten, zum Garnieren
2 lange rote Chilischoten, in Ringe geschnitten
4 Biozitronen, in Stücke geschnitten

BRÜHE

2 kg Hühnerknochen
1 kg Schweinerippchen, in 5 cm lange Stücke zerteilt (überlassen Sie dies dem Metzger)
2 Zwiebeln, geschält
1 Knoblauchknolle, halbiert
300 ml Fischsauce
200 g feiner Zucker
100 g Maisstärke

KREBSFLEISCH-MISCHUNG

80 ml Annatto-Öl (siehe Seite 184)
2 Knoblauchzehen, geschält, fein gehackt
3 Schalotten, geschält, fein gehackt
300 g frisches Krebsfleisch
2 EL Fischsauce
1 EL feiner Zucker

HINWEIS: Frische *Bánh-canh*-Nudeln gibt es im asiatischen Supermarkt.

Traditionell wird diese Suppe mit Mangrovenkrebsen zubereitet, aber ich nehme dafür viel lieber Blaue Schwimmkrebse, da man sie besser aus dem Panzer bekommt und ihr Fleisch süßer ist. Meine Mutter schwört dagegen auf Mangrovenkrebse. Probieren Sie einfach beides aus und entscheiden Sie, welche Variante – die traditionelle oder die moderne – Ihnen am besten schmeckt!

Für die Brühe Hühnerknochen und Schweinerippchen unter fließend kaltem Wasser abspülen, um Blut und Knochensplitter zu entfernen. Anschließend in einen großen 10-Liter-Suppentopf legen, mit kaltem Wasser bedecken, aufkochen und 10 Minuten köcheln lassen. Dann abgießen und Knochen sowie Rippchen abspülen, um restliches Blut oder Schaum zu entfernen. Nun alles zurück in den gesäuberten Topf geben, diesen knapp bis zum Rand mit Wasser auffüllen und alles erneut aufkochen, dabei den Schaum von der Oberfläche abschöpfen. Die Hitze reduzieren und 60 Minuten sanft köcheln lassen, dann Zwiebeln und Knoblauch in die Brühe geben. Die Brühe weitere 2 Stunden köcheln, bis die Flüssigkeit auf 70 Prozent eingekocht ist.

Für den Krebsfleisch-Mix das Annatto-Öl in einem Topf auf mittlerer Stufe erhitzen. Knoblauch und Schalotten zufügen und in 5–7 Minuten weich braten. Nun das Krebsfleisch zugeben, alles gut miteinander verrühren und mit Fischsauce und Zucker würzen. Den Mix weitere 5 Minuten kochen lassen, dann vom Feuer nehmen.

Einen großen Bambus-Dämpfkorb auf einen Topf mit köchelndem Wasser setzen. Die Krebse auf einen Teller legen und diesen in den Dämpfkorb stellen (portionsweise, falls notwendig). Den Deckel schließen und die Krebse 10 Minuten dämpfen, bis sie durchgegart sind. Die Krebse vorsichtig aus dem Dämpfkorb nehmen. Die Flüssigkeit, die sich auf dem Teller gebildet hat, durch ein feines Sieb zum Krebsfleisch-Mix geben und alles gut durchrühren.

Die fertig gekochte Brühe durch ein feines Sieb in einen sauberen Topf abgießen und die Hühnerknochen entsorgen. Die Schweinerippchen zurück in die Brühe geben, den Krebsfleisch-Mix zufügen und alles mit Fischsauce und Zucker würzen.

Maisstärke mit 100 ml Wasser verrühren und unter stetigem Rühren langsam in die Brühe geben, damit diese andickt und sich keine Klümpchen bilden.

Die *Bánh-canh*-Nudeln in einem Topf mit kochendem Wasser 3–4 Minuten blanchieren, dann abgießen und auf Suppenschalen verteilen. Die Schalen mit Brühe und Schweinerippchen auffüllen und jeweils mit einem Krebs krönen (oder einem halben, falls Sie Mangrovenkrebse verwenden). Jede Portion mit Frühlingszwiebeln garnieren und mit Chili-Ringen und Zitronenkeilen als Beigabe servieren.

BÁNH CANH CUA

SCHWEINEKOTELETT, HACKBRATEN UND JASMINREIS

ERGIBT 4 PORTIONEN

- 4 Schweinekoteletts
- 400 g Jasminreis
- 1 EL Pflanzenöl
- 4 Eier
- 2 libanesische (kurze) Gurken oder Salatgurken, schräg in Scheiben geschnitten
- 2 Tomaten, halbiert und in Scheiben geschnitten
- 100 g eingelegte Möhren und Rettiche (siehe Seite 179)
- 80 ml Frühlingszwiebelöl (siehe Seite 176)
- 250 ml Nước-mắm-Dipsauce (siehe Seite 176)

MARINADE

- 3 EL Pflanzenöl
- 1 Prise frisch gemahlener weißer Pfeffer
- 2 EL fein gehacktes Zitronengras (nur die weißen Teile)
- 2 EL fein gehackter Knoblauch
- 2 EL Honig
- 100 ml Fischsauce
- 1 EL feiner Zucker
- 1 Vogelaugen-Chili, fein gehackt

HACKBRATEN

- 2 Eier
- 500 g Schweinehack
- 50 g Judasohrpilze (oder Mu-Err-Pilze), grob gehackt
- 60 g Glasnudeln, 1 Stunde lang in kaltem Wasser eingeweicht, abgetropft und in kurze Stücke geschnitten
- 1 Schalotte, geschält, fein gewürfelt
- 3 EL Fischsauce
- 1 EL feiner Zucker
- 1 Prise frisch gemahlener weißer Pfeffer

Cơm tấm ist ein gängiges Mittagsgericht und vereint auf einem Teller alles, was man sich nur wünschen kann: einen Berg Reis, dazu ein köstlich duftendes Schweinekotelett vom Grill, ein Spiegelei, etwas Hackbraten und ein wenig Salat. Einfach genial! Es gibt in Saigon ein hervorragendes Restaurant, das dieses Gericht auf der Karte hat, und ich kehre dort immer ein, wenn ich in der Stadt bin.

Zuerst die Schweinekoteletts marinieren. Dafür die Marinade-Zutaten in einer großen Schüssel verrühren. Die Koteletts leicht mit dem Fleischklopfer bearbeiten, damit sie zart werden, dann in die Marinade legen. Darauf achten, dass sich das Fleisch überall mit Marinade überzieht, und mindestens 3 Stunden – am besten über Nacht – durchziehen lassen.

Für den Hackbraten die Eier trennen und das Eigelb beiseitestellen. Das Eiweiß in einer großen Schüssel steif schlagen, dann die restlichen Zutaten für den Fleischteig (mit Ausnahme des Eigelbs) zugeben und alles gut miteinander vermengen.

Einen großen Bambus-Dämpfkorb auf einen Topf mit kochendem Wasser setzen. Eine Kastenform (25 cm × 12 cm) mit Alufolie auskleiden und den Fleischteig hineingeben. Die Kastenform in den Dämpfkorb setzen, den Deckel auflegen und den Hackbraten 30 Minuten im Dampf garziehen lassen. Den Deckel öffnen und die Oberfläche des Hackbratens mit dem beiseitegestellten Eigelb bestreichen. Ohne Deckel weitere 5 Minuten dämpfen, dann den Hackbraten aus dem Korb nehmen und beiseitestellen.

Den Reis unter fließend kaltem Wasser abspülen, abtropfen lassen und in einen Topf geben. So viel Wasser zufügen, dass der Reis gut bedeckt ist – hierfür gibt es eine Faustregel: Wenn Sie Ihre Zeigefingerspitze auf die Oberfläche der Reisschicht setzen, sollte das überstehende Wasser bis zum ersten Fingerknöchel reichen. Den Topf auf niedriger bis mittlerer Stufe erhitzen und den Reis so lange köcheln lassen, bis er das Wasser aufgenommen hat und weich ist. Alternativ den Reis in einem Reiskocher zubereiten.

Den Holzkohlegrill vorbereiten oder einen Grill auf mittlerer bis hoher Stufe vorheizen. Wenn der Holzkohlegrill bereit ist (die Holzkohle sollte rot glühen), die Schweinekoteletts auf das Rost legen und unter häufigem Wenden 15 Minuten grillen, bis sie durch sind. Nicht vergessen, die Koteletts ab und zu mit Marinade zu bestreichen.

Das Öl in einer Pfanne auf mittlerer bis hoher Stufe erhitzen. Die Eier in die Pfanne schlagen und zu Spiegeleiern braten. Wenn die Unterseite leicht knusprig geworden ist, die Eier aus der Pfanne nehmen und auf einen mit Küchenpapier ausgelegten Teller gleiten lassen.

Zum Servieren zunächst den Reis auf 4 Einzelteller verteilen. Rings um den Reis Gurken, Tomaten, eingelegte Pickles und eine dicke Scheibe Hackbraten anrichten. Zum Schluss Schweinekotelett und Spiegelei auf den Teller geben und das Kotelett mit etwas Frühlingszwiebelöl beträufeln. Dazu ein Schälchen *Nước-mắm*-Dipsauce reichen.

CƠM TẤM

GẠO TÁM HẢI HẬU
GẠO TẤM
MY PHO
GẠO TÁM ĐIỆN BIÊN

CƠM GÀ HỘI AN

HÜHNCHENREIS HỘI AN

ERGIBT 4 PORTIONEN

1 Freilandhuhn à 1,8 kg
1 EL Meersalz
1 EL gemahlene Kurkuma
400 g Jasminreis
50 g weißer Klebreis
Nước-mắm-Dipsauce (siehe Seite 176) zum Servieren

SALAT
200 g grüne Papaya, in dünne Streifen geschnitten
1 Zwiebel, geschält, in dünne Scheiben geschnitten
1 Bund vietnamesischer Koriander, Blätter abgezupft
100 g eingelegte Möhren und Rettiche (siehe Seite 179)

Das ist ein spannendes Gericht, das man eigentlich nur in Hội An findet. Die Zubereitung erinnert an das chinesische Hainan-Hühnchen, aber im Ergebnis bekommt man mit meinem Rezept eher einen Hühnersalat. Er wird traditionell mit frischer grüner Papaya und erdigem Kurkuma-Reis serviert. Ich liebe dieses Essen.

Das Huhn abspülen und mit Küchenpapier trocken tupfen. Wasser in einem großen Topf zum Kochen bringen, das Huhn mit Salz und Kurkuma hineingeben und 15 Minuten garen. Den Topf vom Feuer nehmen und das Huhn weitere 25 Minuten in der Flüssigkeit ziehen lassen, dann aus dem Topf nehmen und zum Abkühlen auf ein Gitter legen. Die Hühnerbrühe beiseitestellen.

Jasminreis und Klebreis mischen und 2 Minuten unter fließend kaltem Wasser abspülen, dabei den Reis hin- und herbewegen, damit jedes Körnchen benetzt wird. Abtropfen lassen und den Reis in einen Topf geben. So viel von der Hühnerbrühe zugießen, dass die Flüssigkeit 2 cm hoch über dem Reis steht. Auf mittlerer Stufe zum Kochen bringen, dann die Hitze reduzieren und den Reis 15 Minuten sanft köcheln lassen, bis die Flüssigkeit komplett aufgenommen und der Reis weich ist.

Die Hühnerkeulen abtrennen und in kleine Stücke zerteilen. Die Hähnchenbrust vom Knochen lösen und in dicke Scheiben schneiden. Keulen, Brust und Flügel auf einer Servierplatte anrichten.

Die Salatzutaten in eine Schüssel geben und die *Nước-mắm*-Dipsauce auf individuelle Schüsselchen verteilen.

Zum Servieren den Reis zusammen mit dem Salat auf Einzeltellern anrichten. Ermuntern Sie die Gäste, sich beim Fleisch nach Belieben selbst zu bedienen und die Fleischhäppchen in das eigene *Nước-mắm*-Schälchen zu dippen.

PHÚ QUỐC
NƯỚC MẮM NHỈ CHUYÊN DÙNG ĂN SỐNG
ANCHOVY FISH SAUCE

FISCHSAUCE

Die vietnamesische Küche ist ohne Fischsauce undenkbar. Sie bereichert fast jedes Gericht und wird anstelle von Salz zum Würzen verwendet.

Die Herstellung von Fischsauce ist relativ einfach. Sardellen und Salz werden in große Keramikbehälter oder Holzfässer geschichtet, wo man sie längere Zeit fermentieren lässt. Nach zwölf Monaten kann die begehrte »erste Pressung« der Fischsauce entnommen werden. Dabei handelt es sich um die teuerste und qualitativ beste Variante, bernsteinfarben, aromatisch und salzig mit einem Hauch von Süße. Die Qualität lässt sich mit der ersten Olivenölpressung vergleichen. Die Fässer werden im Anschluss weitere 6–12 Monate gelagert, wodurch die Fischsauce der zweiten Pressung entsteht, die salziger und geschmacklich intensiver ist.

Einige der besten Fischsaucen Vietnams kommen aus Phú Quốc und Phan Thiết. Beide Küstenstädte verfügen über große Fangflotten und haben daher keine Probleme, die für die Saucenherstellung notwendigen Mengen an kostbaren Sardellen zu beschaffen. Bei den Fischsaucen gibt es auch qualitativ weniger hochwertige Marken, die für die Herstellung nicht ausschließlich Sardellen, sondern einen Mix verschiedener Fische nutzen. Diese Produkte kommen jedoch geschmacklich nicht an die teureren Marken heran. Ein weiteres Qualitätsmerkmal von Fischsauce ist der Stickstoffgehalt. Je mehr Stickstoff enthalten ist, desto hochwertiger die Sauce. Bei guten Produkten ist auf dem Flaschenetikett neben dem Buchstaben »N« für Stickstoff auch der Stickstoffgehalt in Zahlen angegeben – ein klarer Hinweis auf die Qualität.

In meinen Restaurants verwende ich Dũ-Son-Fischsauce aus Phú Quốc. Sie ist aromatisch, dabei aber nicht zu intensiv, schmeckt angenehm salzig und hat einen leicht süßen Nachklang. Man kann sie pur als Dipsauce oder zusammen mit anderen Zutaten verwenden.

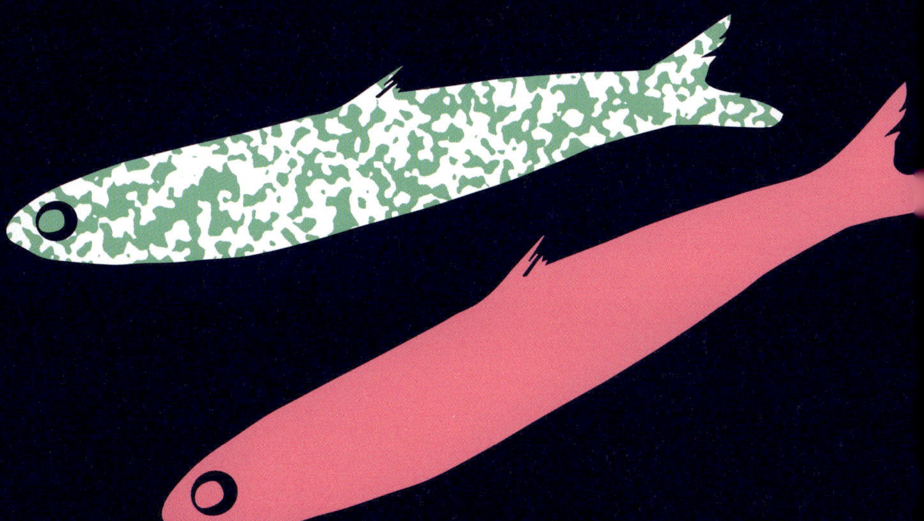

REISPAPIERSALAT MIT GARNELEN

ERGIBT 4 PORTIONEN

120 g runde dünne Reispapierblätter (siehe Hinweis), in 5 cm breite Streifen geschnitten
1 grüne Mango, Fruchtfleisch zerkleinert
50 g getrocknete kleine Garnelen
1 Bund vietnamesischer Koriander, Blättchen abgezupft
4 Wachteleier, hart gekocht und geschält
2 EL gebratene Schalotten (siehe Seite 181)
2 EL geröstete Erdnüsse (siehe Seite 182)

SOJA-SCHALOTTEN-DRESSING
1 EL Pflanzenöl
2 Schalotten, geschält, in dünne Scheiben geschnitten
120 ml Sojasauce
1 Prise Fünfgewürzpulver
1 TL Fischsauce
2 EL Zucker

Reispapier in Salaten zu verwenden, ist ein relativ neuer Foodtrend, der in den letzten fünf Jahren Fahrt aufgenommen hat. Der hier vorgestellte spritzige Salat bekommt durch das Reispapier zusätzlichen Biss und eine leckere Textur. Dazu passt ein vietnamesisches Bier ganz hervorragend!

Für das Dressing das Pflanzenöl in einer Pfanne auf mittlerer Stufe erhitzen. Die Schalotten zufügen und 4–5 Minuten anschwitzen, bis sie weich und leicht gebräunt sind. Die restlichen Dressingzutaten in die Pfanne geben und 2 Minuten sanft köcheln lassen, bis sich der Zucker aufgelöst hat. Vom Feuer nehmen.

Reispapierstreifen, Mango, getrocknete Garnelen, Koriander, Wachteleier und gebratene Schalotten in einer Salatschüssel gut miteinander vermengen. Ein wenig von dem Dressing über den Salat träufeln und wiederum alles durchmischen. Diese Schritte so lange wiederholen, bis das gesamte Dressing aufgebraucht und das Reispapier weich geworden ist. Den Salat mit gerösteten Erdnüssen bestreuen und sofort auf den Tisch bringen.

HINWEIS: Reispapier gibt es in verschiedener Stärke. Fragen Sie im Asia-Laden in Ihrer Nachbarschaft nach der dünnsten Variante.

BÁNH TRÁNG TRỘN

GỎI TÔM BƯỞI

GARNELEN-POMELO-SALAT

ERGIBT 4 PORTIONEN

1 kleine Pomelo
12 gegarte mittelgroße Garnelen, geschält und entdarmt
1 Bund Minze, Blätter abgezupft
1 Bund vietnamesischer Koriander, Blätter abgezupft
2 Stängel Thai-Basilikum, Blätter abgezupft
150 g eingelegte Möhren und Rettiche (siehe Seite 179)
2 lange rote Chilischoten, entkernt und in Julienne-Streifen geschnitten
2 libanesische (kurze) Gurken oder Salatgurken, längs halbiert und schräg in Scheiben geschnitten
2 EL gebratene Schalotten (siehe Seite 181)

NƯỚC-MẮM-DRESSING

150 ml Nước-mắm-Dipsauce (siehe Seite 176)
2 Knoblauchzehen, geschält, fein gehackt
1 Vogelaugen-Chili, in dünne Ringe geschnitten

Die Pomelo ist eine alte, in Südostasien heimische Zitrusfrucht. Sie ähnelt der Grapefruit und ist eine beliebte Zutat vietnamesischer Salate. Diesem Gericht hier schenkt sie Süße und steuert gleichzeitig erfrischende Säure bei, was einen wunderbaren Kontrast zu den fleischigen Garnelen bildet.

Um an das Fruchtfleisch zu kommen, zunächst die Schale von der Pomelo abziehen und die Frucht in zwei Hälften brechen. Von jedem Segment vorsichtig die Haut abziehen und das Fruchtfleisch behutsam auslösen. So wird sichergestellt, dass die Segmente nicht verletzt werden. Das Fruchtfleisch in mundgerechte Stücke teilen.

Die Dressingzutaten in einer kleinen Schüssel verrühren.

Alle Salatzutaten (mit Ausnahme der gebratenen Schalotten) in eine große Schüssel geben und mit der *Nước-mắm*-Dipsauce vermengen. Den Salat anschließend auf einer großen Servierplatte oder in einer Servierschüssel anrichten.

Zum Servieren mit den gebratenen Schalotten bestreuen.

QUALLENSALAT MIT ENTENBRUST

ERGIBT 4 PORTIONEN

200 g Quallen aus dem Supermarkt, in Streifen geschnitten (siehe Hinweis)
3 Entenbrüste mit Haut
Meersalz
2 EL Pflanzenöl
1 Bund Minze, Blätter abgezupft
1 Bund vietnamesischer Koriander, Blätter abgezupft
1 libanesische (kurze) Gurke oder Salatgurke, der Länge nach halbiert und in Scheiben geschnitten
100 g eingelegte Möhren und Rettiche (siehe Seite 179)
100 g Bohnensprossen
3 EL gebratene Schalotten (siehe Seite 181)

GALGANT-DRESSING

200 ml Nước-mắm-Dipsauce (siehe Seite 176)
2 Vogelaugen-Chilis, in dünne Ringe geschnitten
2 Knoblauchzehen, geschält, fein gehackt
1 Stück Galgant, 5 cm lang, in feine Scheiben geschnitten

Die Kombination von Qualle und Entenbrust erscheint zunächst crazy, aber die Konsistenzen ergänzen sich in diesem Salat auf optimale Weise. Da die Qualle kaum Eigengeschmack hat, nimmt sie die Aromen des Dressings perfekt auf und schenkt dem Salat eine einzigartige Textur, die man mit keiner anderen Zutat erzielen kann.

Die Quallenstreifen in ein Sieb geben und unter fließend kaltem Wasser 10 Minuten abspülen. Auf einem mit Küchenpapier ausgelegten Teller abtropfen lassen.

Die Dressingzutaten in einer kleinen Schüssel verrühren.

Die Haut der Entenbrüste rautenförmig einschneiden und mit Salz einreiben. Auf der Fleischseite alle Sehnen entfernen.

In einer Pfanne das Öl auf mittlerer bis hoher Stufe erhitzen und die Entenbrüste mit der Hautseite nach unten hineinlegen. 7 Minuten anbraten, bis die Haut gebräunt ist, dann umdrehen und nochmals 5 Minuten garen. Die Entenbrüste aus der Pfanne nehmen, 5 Minuten ruhen lassen, dann in dünne Scheiben schneiden.

Quallenstreifen, Entenbrustscheiben, Kräuter, Gurke, eingelegte Pickles und Bohnensprossen in einer großen Schüssel mit dem Dressing vermischen. Auf eine große Servierplatte oder in eine Servierschüssel geben, mit den gebratenen Schalotten bestreuen und servieren.

HINWEIS: In Streifen geschnittene Quallen bekommt man vakuumverpackt in asiatischen Supermärkten.

GỎI SỨA THỊT VỊT

GỎI BẮP CHUỐI TÀU HỦ CHIÊN

SALAT MIT BANANENBLÜTE UND KNUSPRIGEM TOFU

ERGIBT 4 PORTIONEN

1 Biozitrone
1 Bananenblüte
2 l Pflanzenöl zum Frittieren
1 Pck. weicher, schnittfester Tofu (kein Seidentofu), in dünne Scheiben geschnitten
4 vietnamesische Sesam-Reiscracker
1 Bund Minze, Blätter abgezupft
1 Bund Shiso, Blätter abgezupft
1 lange rote Chilischote, entkernt und in Julienne-Streifen geschnitten
1 libanesische (kurze) Gurke oder Salatgurke, in streichholzgroße Stäbchen geschnitten
3 EL geröstete Erdnüsse **(siehe Seite 182)**
2 EL gebratene Schalotten **(siehe Seite 181)**

ZITRUS-SOJA-DRESSING
100 ml weiße oder helle Sojasauce
100 ml Kokoswasser
2 Vogelaugen-Chilis, in dünne Ringe geschnitten
30 ml frisch gepresster Limettensaft

Bananenblüte ist eine gängige Zutat in vielen vietnamesischen Gerichten. Man findet sie oft in Suppen und Salaten, da sie Aromen perfekt aufnimmt und einen angenehmen Crunch liefert. In diesem Rezept habe ich sie mit weichem Tofu kombiniert – eine kaum zu toppende Mischung!

Eine große Schüssel mit kaltem Wasser füllen und die Zitrone darüber auspressen.

Von der Bananenblüte die äußeren Schichten und Fruchtblüten entfernen (und entsorgen), bis das hell gefärbte Innere zum Vorschein kommt. Die Bananenblüte längs halbieren und die Fruchtblüten im Inneren ebenfalls entfernen. Die Bananenblüte in dünne Scheiben schneiden und diese sofort in das Zitronenwasser gleiten lassen, damit die Farbe erhalten bleibt. Abgießen und 5–10 Minuten unter fließend kaltem Wasser abspülen, um den austretenden Saft vollständig zu entfernen. Abtropfen lassen und beiseitestellen.

Die Dressingzutaten in einer kleinen Schüssel miteinander verrühren.

Das Öl in einem Wok oder großen Topf auf mittlerer bis hoher Stufe mithilfe eines Küchenthermometers auf 180 °C erhitzen. Den Tofu darin portionsweise 2–3 Minuten frittieren, bis er knusprig ist. Mit einem Schaumlöffel aus dem Öl nehmen und auf einem mit Küchenpapier ausgelegten Teller abtropfen lassen.

Inzwischen die Reiscracker auf einem Drahtgestell über einem Gasbrenner auf kleiner Flamme rösten. Vorsichtig einen Cracker auf das Gestell legen und mithilfe einer Küchenzange über der Flamme hin- und herbewegen. Er ist zunächst durchsichtig, färbt sich dann weiß und pufft zum Schluss leicht auf. Diesen Vorgang mit den restlichen Crackern wiederholen. Die gerösteten Reiscracker auf einen großen Teller legen.

Bananenblüte, Tofu, Kräuter, Chili und Gurke in einer großen Schüssel mit dem Dressing mischen. Den angemachten Salat in eine Servierschüssel geben, mit gerösteten Erdnüssen und gebratenen Schalotten bestreuen und sofort auf den Tisch bringen. Dazu die gerösteten Sesam-Reiscracker reichen.

BIA HƠI

Bia hơi ist ein frisch gebrautes, helles, leichtes Fassbier – ein perfekter Durstlöscher an heißen Tagen. Am besten genießt man es im Freundeskreis und isst dazu eine Auswahl kleiner Gerichte, die nach und nach serviert werden. In der Altstadt von Hanoi gibt es eine berühmt-berüchtigte Kreuzung, die liebevoll als »Bia Hơi Corner« bezeichnet wird. Wann immer man in der Stadt ist, sollte man dort vorbeischauen: Das Bier ist immer frisch und man ist mittendrin im pulsierenden Leben.

Am Abend strömen die Büroangestellten in die Bierkneipen – eine gute Möglichkeit, um sich mit Freunden auszutauschen, zusammen zu essen, zu trinken und zu lachen und darüber jeglichen Stress zu vergessen. Wenn Sie dort ein *Bia hơi* trinken, prosten Sie sich beim Anstoßen lauthals zu und rufen »mot, hai, ba, yo!«, was so viel wie »eins, zwei, drei, Prost!« bedeutet. Diesen Schlachtruf hört man oft noch bis auf die Straße.

Die in diesem Kapitel vorgestellten Rezepte gehören zu den Gerichten, die ich am liebsten zu einem erfrischenden *Bia hơi* esse.

CHEM CHÉP HẤP LÁ QUẾ

MIESMUSCHELN MIT THAI-BASILIKUM UND BIA HANOI

ERGIBT 4 PORTIONEN

1 Dose Bia Hanoi (à 330 ml oder größer)
4 Stängel Thai-Basilikum, Stängel und Blätter getrennt
1 Stück Ingwer (4 cm), geschält, zerkleinert
1 lange rote Chilischote, in Ringe geschnitten
1 Stängel Zitronengras (nur die weißen Teile), leicht zerdrückt und in 10 cm lange Stücke geschnitten
1 kg Miesmuscheln, geschrubbt und ohne Bart
4 Bánh mì (vietnamesische Baguettebrötchen) (optional)

KUMQUAT-CHILI-SALZ
1 Vogelaugen-Chili
1 EL Meersalz
4 Kumquats, halbiert

Dieses Gericht ist so einfach und lecker! Der Thai-Basilikum und das Zitronengras sorgen für ein wunderbares Aroma, die Muscheln bringen eine süße Note ins Spiel. Was gibt es Schöneres, als auf einem der kleinen Plastikstühle in Vietnam zu sitzen und dieses Muschelgericht zu genießen!

★

Für das Kumquat-Chili-Salz die Vogelaugen-Chilischote mit Mörser und Stößel zu einer Paste verarbeiten. Das Meersalz zufügen und alles so lange zerstoßen, bis sich die Zutaten vermischt haben. Das Chili-Salz auf 4 kleine Dipschalen verteilen und jeweils 2 Kumquat-Hälften darauflegen.

Bia Hanoi (Bier), Thai-Basilikumstängel, Ingwer, Chili und Zitronengras in einen Topf geben, der so groß ist, dass auch die Muscheln gut hineinpassen. Den Deckel auflegen, alles zum Köcheln bringen und 2–3 Minuten garen.

Nun die Muscheln zufügen und bei geschlossenem Deckel etwa 5 Minuten kochen, bis sich die Schalen geöffnet haben, dabei den Topf immer wieder leicht rütteln. Die Muscheln mit einem Schaumlöffel aus dem Topf nehmen und auf eine große Servierplatte gleiten lassen. Ungeöffnete Muscheln wegwerfen.

Die Brühe in eine Servierschüssel gießen. Die beiseitegestellten Thai-Basilikumblätter über Muscheln und Brühe streuen.

Zum Servieren presst jeder Gast die Kumquathälften über dem Chili-Salz aus. Die Muscheln zunächst in die Brühe tunken, dann in das Kumquat-Chili-Salz. Dazu passt ein *Bánh mì* perfekt.

FRITTIERTE CALAMARI MIT FÜNFGEWÜRZPULVER

ERGIBT 4 PORTIONEN

½ TL Fünfgewürzpulver
1 TL Meersalz
1 TL feiner Zucker
500 g Calamari-Tuben, ausgenommen und abgespült
Pflanzenöl zum Frittieren und Braten
1 Ei, verquirlt
½ grüne Gemüsepaprika, entkernt, gewürfelt
½ rote Gemüsepaprika, entkernt, gewürfelt
1 kleine Zwiebel, geschält, gewürfelt
2 Knoblauchzehen, geschält, fein gehackt
2 Vogelaugen-Chilis, grob gehackt, plus etwas zum Garnieren

AUSBACKTEIG
170 g Reismehl
100 ml Sodawasser (Club Soda)

Diese frittierten Calamari passen perfekt zu einem kühlen Bier, das man mit Freunden trinkt und bei dem man sich über die letzten Reiseerlebnisse austauscht.

★

Fünfgewürzpulver, Salz und Zucker in einer Schüssel mischen und beiseitestellen.

Für den Ausbackteig das Reismehl in eine Schüssel geben. Langsam das Sodawasser zugießen und mit einer Gabel unter das Mehl ziehen, bis der Teig glatt und flüssig ist. Beiseitestellen.

Die Calamari-Tuben mit einem Messer vorsichtig einschneiden, sodass ein rautenförmiges Muster entsteht. Die Tuben anschließend in mittelgroße Dreiecke teilen.

2 Liter Öl in einem Wok oder einer hohen Pfanne auf mittlerer bis hoher Stufe auf 180 °C erwärmen, dabei ein Küchenthermometer zur Hilfe nehmen.

Die Calamari-Dreiecke portionsweise durch das verquirlte Ei ziehen und danach in den Ausbackteig tauchen. Überschüssigen Teig abtropfen lassen, die Calamari behutsam ins heiße Öl gleiten lassen. 4–5 Minuten frittieren, bis sie eine goldbraune Färbung angenommen haben. Die Calamari-Stücke mithilfe eines Schaumlöffels aus dem Öl nehmen und auf einem mit Küchenpapier ausgelegten Teller abtropfen lassen. Diese Arbeitsschritte wiederholen, bis alle Calamari-Teile frittiert sind.

1 Esslöffel Öl in einer Pfanne auf mittlerer bis hoher Stufe erhitzen. Gemüsepaprika, Zwiebel, Knoblauch und Chili 2–3 Minuten anbraten, bis die Gemüsepaprika weich ist. Dann rasch die frittierten Calamari-Stücke zugeben und alles mit der beiseitegestellten Gewürzmischung aromatisieren.

Sofort servieren und mit etwas Vogelaugen-Chili garnieren.

MỰC RANG MUỐI

CUA HẨP CHẨM NƯỚC MẮM ỞT XANH

GEDÄMPFTER KREBS MIT GRÜNER-CHILI-DIPSAUCE

ERGIBT 4 PORTIONEN

6 ganze Krebse à 200–300 g, z. B. Blaue Schwimmkrebse oder Strandkrebse
2 Stängel Zitronengras (nur die weißen Teile), zerdrückt
2 lange rote Chilischoten, zerdrückt
Grüne-Chili-Dipsauce (siehe Seite 183) zum Servieren
4 Kumquats, halbiert, zum Servieren (optional)

Vietnamesen sind ganz wild auf Krustentiere, insbesondere auf Krebse. Das Zerteilen mag eine etwas mühsame und eher rustikale Angelegenheit sein, aber gedämpfter Krebs und ein kühles Bier gehören in Vietnam einfach dazu. Leckere, aromatische Krebse bekommt man dort in jeder Bia-hơi-Kneipe. Sie gehören zu meinen Lieblingsgerichten.

★

Einen großen Bambus-Dämpfkorb auf einen Topf mit kochendem Wasser setzen. Krebse, Zitronengras und Chili hineinlegen, den Deckel schließen und alles 15 Minuten dämpfen, bis die Krebse durchgegart sind.

Die Krebse auf einer großen Servierplatte anrichten und die Gäste zum Zugreifen ermuntern. Am besten taucht man das Krebsfleisch in die Grüne-Chili-Dipsauce und presst die Kumquat-Hälften (falls verwendet) über dem Fleisch aus.

ĐẬM CHẤT. THỜI ĐẠI.
30 NĂM BẰNG HỮU
GIÁ MỚI 12.000đ

ESSENCE HOTEL
PHỞ GÀ BIA
Đ/C: 20 TẠ HIỆN
FOOT&BODY MASSAGE
Tiger
BIA PHỐ CỔ
JOTUN

AM TISCH GEBRATENES RINDFLEISCH

ERGIBT 4–6 PORTIONEN

2 Stängel Zitronengras (nur die weißen Teile), in dünne Ringe geschnitten
2 Vogelaugen-Chilis, in dünne Ringe geschnitten
3 Knoblauchzehen, geschält, in dünne Scheiben geschnitten
80 ml Fischsauce
2 EL feiner Zucker
50 ml Pflanzenöl
1,5 kg Rinderlende ohne Knochen (oder Rumpsteak), in dünne Scheiben geschnitten
200 g Bún (Reisnudeln)
150 ml Nước-mắm-Dipsauce (siehe Seite 176)
100 g eingelegte Möhren und Rettiche (siehe Seite 179)
15–20 mittelgroße runde Reispapierblätter
1 EL Butter

SALAT

3 EL gebratene Schalotten (siehe Seite 181)
2 Bund Minze
2 Bund vietnamesischer Koriander
2 rote Äpfel, entkernt, halbiert und in Scheiben geschnitten
1 kleine Ananas, geschält, Strunk entfernt und in runde Scheiben geschnitten

Dieses fantastische Rindfleischgericht wird am Tisch gebraten und mit duftenden Kräutern, Nudeln und Reispapier als Beilage serviert. Wann immer es bei uns auf den Tisch kommt, sagt mein Onkel, dass wir uns vor den Fettspritzern in Acht nehmen sollten! Ob das stimmt, finden Sie am besten selbst heraus.

★

Zitronengras, Chili, Knoblauch, Fischsauce, Zucker und Pflanzenöl in einer großen Schüssel so lange verrühren, bis sich der Zucker aufgelöst hat. Das Rindfleisch zufügen, alles gut vermengen und das Fleisch 3 Stunden im Kühlschrank durchziehen lassen.

Die Reisnudeln nach Packungsanweisung zubereiten, abgießen und unter fließend kaltem Wasser abkühlen. Abtropfen lassen und beiseitestellen.

Alle Zutaten für den Salat sowie die gekochten Nudeln auf einer Servierplatte anrichten. Die *Nước-mắm*-Dipsauce und die eingelegten Möhren und Rettiche in einer Schüssel miteinander mischen und anschließend auf Dipschälchen verteilen. Die Reispapierblätter auf einen Teller legen und eine große, mit Wasser gefüllte Schüssel auf den Tisch stellen.

Einen tragbaren Gasbrenner in die Mitte des Tisches stellen und darauf eine Grillpfanne auf mittlerer bis hoher Stufe erhitzen. Ein wenig Butter in der Pfanne zerlassen, dann ein paar Scheiben mariniertes Rindfleisch hineinlegen und 2–3 Minuten garen, bis das Fleisch durch ist. Ermuntern Sie die Gäste, sich zu bedienen, und garen Sie das restliche Rindfleisch portionsweise während des Essens.

Jeder Gast nimmt sich ein Reispapierblatt, feuchtet es im Wasser an und füllt es dann mit Nudeln, Salatzutaten und Rindfleisch. Nun braucht man nur noch das Papier aufzurollen und in das Schälchen mit *Nước-mắm*-Sauce und eingelegten Pickles zu stippen.

BÒ NƯỚNG VỈ

BÒ LÁ LỐT

IN PFEFFERBLATTBLÄTTER GEWICKELTE HACKRÖLLCHEN VOM GRILL

ERGIBT 4–6 PORTIONEN

1 kg Rinderhack
100 g Schweinespeck, gehackt
100 ml Austernsauce
4 Knoblauchzehen, geschält, fein gehackt
2 Stängel Zitronengras (nur die weißen Teile), gehackt
1 TL getrocknete Chiliflocken
2 EL feiner Zucker
2 EL Fischsauce
48 Pfefferblattblätter

ZUM SERVIEREN
1 Eisbergsalat, Blätter voneinander getrennt
1 Bund vietnamesischer Koriander
1 Bund Minze
Nước-mắm-Dipsauce (siehe Seite 176)

Bò lá lốt sind Röllchen aus Rinderhack in einer Hülle aus Pfefferblatt. Werden sie auf einem Holzkohlegrill gebraten, setzen die Blätter einen unglaublich aromatischen Duft frei. Die Röllchen sind beim Barbecue ein echtes Must-have!

★

12 Bambusspieße 1 Stunde in kaltes Wasser legen und anschließend abtropfen lassen.

Rinderhack und Schweinespeck in einer großen Schüssel vermengen. Die restlichen Zutaten mit Ausnahme der Pfefferblattblätter untermischen und den Fleischteig zu einer Kugel formen. Die Kugel mehrfach kräftig gegen die Seitenwände der Schüssel schlagen, bis der Fleischteig nicht mehr an den Fingern kleben bleibt. Die Kugel in Frischhaltefolie wickeln und 30–60 Minuten ruhen lassen.

Einen Holzkohlegrill vorbereiten oder den Barbecue-Grill auf höchster Stufe vorheizen.

Ein Pfefferblatt auf ein Schneidebrett legen und vom Fleischteig eine Portion von etwa 30–40 g abstechen. Von Hand zu einer kleinen Rolle formen und in die Mitte des Blattes legen, die Rolle sollte etwas kürzer als das Blatt breit sein. Nun die Blattränder über der Füllung einschlagen und das Blatt fest aufrollen. Einen Bambusspieß durch die Mitte der Rolle stechen, damit sie nicht auseinanderfällt. Diese Arbeitsschritte wiederholen, bis der gesamte Fleischteig und die Blätter aufgebraucht sind. Auf jeden Spieß kommen hierbei 4 Röllchen.

Wenn der Holzkohlegrill heiß genug ist (die Holzkohle sollte rot glühen), die gefüllten Röllchen auflegen und etwa 8 Minuten grillen (dabei nicht vergessen, sie ab und an zu wenden), bis sich die Röllchen fest anfühlen, wenn man sie mit der Grillzange vorsichtig zusammendrückt.

Salat und Kräuter in die Mitte des Tisches stellen und die *Nước-mắm*-Dipsauce auf Schälchen verteilen. Jeder Gast wickelt sein Hackfleischröllchen selbst in ein Salatblatt, gibt Kräuter dazu und stippt die Rolle in die *Nước-mắm*-Dipsauce.

GEGRILLTES REISPAPIER

ERGIBT 4 PORTIONEN

6 Wachteleier
2 Frühlingszwiebeln, in dünne Ringe geschnitten
50 g geröstete, getrocknete kleine Garnelen (siehe Hinweis)
4 große Reispapierblätter
Sriracha-Chilisauce zum Beträufeln
Kewpie-Mayonnaise zum Beträufeln

Für dieses Gericht wird das Reispapier normalerweise bei geringer Hitze über Holzkohle gegrillt, aber auf einem Metallrost über einem Gasbrenner funktioniert das genauso gut. Sie müssen hierbei aber schnell sein – das Reispapier brennt an, wenn es zu lange der Hitze ausgesetzt wird.

★

Wachteleier, Frühlingszwiebeln und getrocknete Garnelen in einer Schüssel miteinander verschlagen.

Ein Metallgitter bei schwacher Hitze auf einen Gasbrenner setzen. Darauf ein Reispapierblatt legen und ein Viertel der Wachtelei-Mischung in die Mitte geben. Mithilfe einer Grillzange das Reispapierblatt vorsichtig über der Flamme hin und her bewegen, damit sich die Füllung gleichmäßig verteilt. Das zunächst durchsichtige Reispapier färbt sich dabei weiß und pufft in der Hitze etwas auf.

Wenn sich das Ei gesetzt hat, das Reispapierblatt vom Brenner nehmen und mit Sriracha-Chilisauce und Kewpie-Mayonnaise beträufeln. Diese Arbeitsschritte mit den verbleibenden Zutaten wiederholen – zum Schluss haben Sie 4 geröstete, knusprige und saftig belegte Reispapierblätter. Sofort auf den Tisch bringen und genießen!

HINWEIS: Vietnamesische getrocknete Baby-Garnelen (*Tôm khô*) sind schwach angeröstet. Man bekommt sie in asiatischen Supermärkten.

BÁNH TRÁNG NƯỚNG

SÒ ĐIỆP NƯỚNG MỠ HÀNH

GEGRILLTE JAKOBSMUSCHELN

ERGIBT 4 PORTIONEN

60 ml Frühlingszwiebelöl (siehe Seite 176)
2 EL Fischsauce
1 TL feiner Zucker
12 Jakobsmuscheln in der unteren Schalenhälfte
2 EL gebratene Schalotten (siehe Seite 181)
2 EL geröstete Erdnüsse (siehe Seite 182)

Wann immer ich in Vietnam bin, schwelge ich in gegrillten Meeresfrüchten und Meeresschnecken. In diesem einfachen Rezept ergänzen die sanften Aromen den delikaten Geschmack der Jakobsmuscheln perfekt.

★

Einen Holzkohlegrill vorbereiten oder den Barbecue-Grill auf höchster Stufe vorheizen.

Frühlingszwiebelöl, Fischsauce und Zucker in einer Schüssel verrühren, bis sich der Zucker aufgelöst hat.

Die Mischung gleichmäßig über die Jakobsmuscheln träufeln.

Wenn der Holzkohlegrill heiß genug ist (die Holzkohle sollte rot glühen), die Jakobsmuscheln auf den Grill legen und 5–7 Minuten garen, bis das Muschelfleisch durch ist.

Die Muscheln mit gebratenen Schalotten und gerösteten Erdnüssen krönen und sofort servieren.

GEGRILLTER FISCH IN REISPAPIER

ERGIBT 2 PORTIONEN

1 ganzer fester Weißfisch à 400–600 g, etwa Murray-Dorsch, Barsch, Schnapper oder Flunder, ausgenommen und gesäubert
100 g Vermicelli-Bún (dünne Reisnudeln)
Meersalz
Pflanzenöl zum Einreiben
2 EL gebratene Schalotten (siehe Seite 181)
30 g geröstete Erdnüsse (siehe Seite 182)
50 ml Frühlingszwiebelöl (siehe Seite 176)
80 ml Nước-mắm-Dipsauce (siehe Seite 176)
50 g eingelegte Möhren und Rettiche (siehe Seite 179)
12 mittelgroße runde Reispapierblätter

SALAT
1 Bund vietnamesischer Koriander
1 Bund Minze
1 Bund Shiso
½ Ananas, geschält, Strunk entfernt und in dünne Scheiben geschnitten
2 libanesische (kurze) Gurken oder Salatgurken, in dünne Stäbchen geschnitten

HINWEIS: Traditionell wird dieses Gericht mit *Mắm-nêm*-Dressing serviert, einer fermentierten Sardellensauce, die man aber mögen muss! Wenn Sie es ausprobieren möchten, finden Sie das Rezept auf Seite 185.

Gegrillter Fisch kommt in Vietnam sehr häufig auf den Tisch, oft zusammen mit frischen Kräutern, Gurke und Ananas, damit man sich an verschiedenen Geschmackskomponenten und Texturen erfreuen kann. In diesem Rezept habe ich den in Australien beheimateten Murray-Dorsch verwendet, doch funktioniert auch jeder andere feste Weißfisch. Wer sich nicht mit dem Fischkopf und den Gräten plagen möchte, nimmt ganz einfach Fischfilets.

★

Den Fisch flach auf ein Schneidebrett legen und mit einem scharfen Messer vorsichtig den Bauch bis zur Wirbelsäule einschneiden, dabei das Messer vom Schwanz bis zur Brustflosse führen. Den Fisch auf die andere Seite drehen und den Vorgang wiederholen. Nun den Fisch aufklappen und die Wirbelsäule mit einer scharfen Schere am Schwanz und am Kopfansatz durchtrennen, Kopf und Schwanz bleiben dabei intakt. Die Wirbelsäule und die Gräten entfernen, dann den Kopf mit einem Küchenbeil fast vollständig spalten. Den Fisch flach hinlegen und die Flossen abschneiden.

Einen Holzkohlegrill vorbereiten oder den Barbecue-Grill auf höchster Stufe vorheizen. Alternativ den Backofen auf 180 °C vorheizen.

Die Nudeln nach Packungsanweisung kochen, dann abgießen und unter fließend kaltem Wasser abspülen. Zum Abtropfen beiseitestellen.

Die Salatzutaten auf einer großen Servierplatte anrichten.

Wenn der Holzkohlegrill heiß genug ist (die Holzkohle sollte rot glühen), den Fisch auf beiden Seiten salzen und das Pflanzenöl einmassieren. Den Fisch mit der Hautseite nach unten auf den Grill legen und 5–7 Minuten garen, bis die Haut knusprig geworden ist. Dann wenden und nochmals 5–7 Minuten von der anderen Seite grillen, bis das Fleisch komplett durch ist.

Den Fisch mit der Hautseite nach oben auf eine Platte gleiten lassen, die gebratenen Schalotten und die gerösteten Erdnüsse darüberstreuen und mit Frühlingszwiebelöl beträufeln. *Nước-mắm*-Dipsauce und die eingelegten Pickles in einer Schüssel mischen, dann auf zwei Dip-Schälchen verteilen (siehe Hinweis).

Eine große Schüssel mit Wasser, die Nudeln, Dip-Schälchen, Reispapierblätter, den Salatteller und den Fisch in die Mitte des Tisches stellen. Ermuntern Sie Ihre Gäste, sich ein Reispapierblatt zu nehmen und dieses mit etwas Wasser anzufeuchten. Das Reispapierblatt auf den Teller legen und mit ein paar Kräutern, Ananasscheiben, Gurke und ein wenig Fisch belegen. Nun das Reispapier zu einer festen Rolle aufrollen und in die *Nước-mắm*-Dipsauce mit den eingelegten Pickles tauchen. Guten Appetit!

CÁ NƯỚNG CUỐN BÁNH TRÁNG

MỰC NƯỚNG MUỐI ỚT

CALAMARI MIT CHILISALZ

ERGIBT 4 PORTIONEN

2 ganze Calamari à 500 g, ausgenommen und gespült, Tuben und Tentakel voneinander getrennt (überlassen Sie das Ihrem Fischhändler)
Pflanzenölspray
Grüne-Chili-Dipsauce (siehe Seite 183), zum Servieren

CHILISALZ
50 g lange rote Chilischoten
2 Knoblauchzehen, geschält
30 g Meersalz

SALAT
½ Bund Minze
½ Bund vietnamesischer Koriander
1 Kopfsalat, Salatblätter voneinander getrennt (optional)

Wenn ich die Gelegenheit habe, gehe ich gern Calamari angeln. Dieses Rezept ist perfekt für Tintenfisch, der ganz frisch aus dem Meer kommt. Er lässt sich im Handumdrehen auf dem Holzkohlegrill zubereiten, wobei sein Geschmack und seine Süße erhalten bleiben. Probieren Sie es aus!

★

Den Ofen auf 100 °C vorheizen. Ein Backblech mit Backpapier belegen.

Für das Chilisalz Chilischoten und Knoblauchzehen mit Mörser und Stößel zu einer Paste verarbeiten. Das Salz zufügen und mit dem Stößel gut einarbeiten. Die Mischung auf das vorbereitete Blech geben, gleichmäßig verstreichen und 20 Minuten im Ofen trocknen. Das Chilisalz dabei gut im Auge behalten und die Mischung alle 5–7 Minuten umrühren, damit das Salz gleichmäßig trocknet und nicht anbrennt. Das Blech aus dem Ofen nehmen und zum Abkühlen beiseitestellen.

Einen Holzkohlegrill vorbereiten oder den Barbecue-Grill auf höchster Stufe vorheizen. Die Calamari mit ein wenig Öl besprühen und mit Chilisalz bestreuen.

Wenn der Holzkohlegrill heiß genug ist (die Holzkohle sollte rot glühen), die Calamari auflegen und von jeder Seite 3–5 Minuten grillen, bis sich das Fleisch weiß gefärbt hat. Darauf achten, die Calamari nicht zu lange zu grillen, sonst werden sie zäh.

Die Calamari auf eine Servierplatte geben und in die Mitte des Tisches stellen, zusammen mit einer zweiten Platte, auf der Kräuter und Salat (falls verwendet) angerichtet sind, und der Dipsauce. Die Calamari-Tuben in Ringe und die Fangarme in kleinere Stücke schneiden. Ermuntern Sie Ihre Gäste, die Tintenfischstücke mit ein paar Kräutern in die Salatblätter zu wickeln und in die Grüne-Chili-Dipsauce zu stippen.

ABENDESSEN

Am Abend kommen die Familien zusammen, um gemeinsam eine reichhaltige Mahlzeit einzunehmen. Auf den Tisch kommt eine Auswahl herzhafter Gerichte, dazu gibt es eine Suppe und natürlich gedämpften Reis. Es ist die Tageszeit, die ich am liebsten mag. Man sitzt mit Familie und Freunden zusammen, erzählt von seinem Tag und tauscht Neuigkeiten aus. Zum Menü gehören immer ein oder zwei Gerichte mit Fleisch oder Meeresfrüchten, wie *Gà xào gừng* (in Ingwer geschmortes Hühnchen) oder *Cà chua nhồi thịt* (mit Schweinehack gefüllte Tomaten mit Dill). Dazu kommt eine Gemüsebeilage, etwa *Rau muống xào tương* (Wasserspinat aus dem Wok), gedämpfter Reis und eine Suppe, beispielsweise *Canh tôm bí đao* (Melonen-Garnelen-Suppe).

Das Abendessen ist eine gesellige Angelegenheit, bei der sich jeder ein wenig von allen Gerichten nimmt. Dazu wird viel gelacht, man erzählt Geschichten und die Kinder spielen oder streiten sich nach Herzenslust. Nach dem Essen schwärmt man häufig mit dem Motorroller aus, um einen leckeren Nachtisch zu ergattern. Den perfekten süßen Abschluss eines Tages bilden Köstlichkeiten wie *Chuối chiên dứa* (frittierte Bananen mit Kokos) und *Chè thái* (vietnamesischer Fruchtcocktail).

GỎI ĐU ĐỦ TÔM THỊT

GARNELENSALAT MIT SCHWEINEBAUCH UND GRÜNER PAPAYA

ERGIBT 4–6 PORTIONEN

200 g Schweinebauch
Meersalz
1 l Pflanzenöl zum Frittieren
16 Garnelencracker
12 gegarte mittelgroße Garnelen, geschält und entdarmt
½ kleine grüne Papaya, geschält, zerkleinert
1 Bund Thai-Basilikum, Blätter abgezupft
1 Bund Shiso, in dünne Streifen geschnitten (optional)
1 Bund vietnamesischer Koriander, Blätter abgezupft
100 g eingelegte Möhren und Rettiche (siehe Seite 179)
3 EL geröstete Erdnüsse (siehe Seite 182)

NƯỚC-MẮM-DRESSING

200 ml Nước-mắm-Dipsauce (siehe Seite 176)
2 Knoblauchzehen, geschält, fein gehackt
2 Vogelaugen-Chilis, in dünne Ringe geschnitten

In ganz Südostasien ist die grüne Papaya ein gängiger Bestandteil von Salatgerichten, und dieses klassische vietnamesische Gericht bildet keine Ausnahme. Es ist einfach, lecker und punktet mit unterschiedlichen Konsistenzen.

Den Schweinebauch in einen Topf geben und mit kaltem Wasser bedecken. Salz hineingeben, zum Kochen bringen und 20 Minuten köcheln lassen, bis das Fleisch durch ist. Den Schweinebauch abgießen und in Eiswasser legen, um den Kochprozess zu stoppen. Auf Küchenpapier abtropfen lassen, dann in dünne Scheiben schneiden.

Für das Dressing alle Zutaten in einer kleinen Schüssel miteinander verquirlen.

In einem großen Topf das Pflanzenöl auf mittlerer bis hoher Stufe auf 180 °C erhitzen, die Temperatur dabei mit einem Küchenthermometer kontrollieren. Die Garnelencracker portionsweise jeweils ein paar Sekunden in dem heißen Öl frittieren, bis sie aufgegangen und doppelt so groß geworden sind. Mit einem Schaumlöffel herausnehmen und auf einem mit Küchenpapier ausgelegten Teller abtropfen lassen.

Garnelen, Schweinebauch, Papaya, Kräuter und eingelegte Pickles in eine große Schüssel geben und mit dem Dressing vermischen.

Den Salat auf einer großen Servierplatte oder in einer großen Schüssel anrichten und mit den Erdnüssen bestreuen. Die Garnelencracker am Rand der Platte verteilen und das Gericht sofort auf den Tisch bringen.

KRAUTSALAT MIT HÄHNCHENBRUST

ERGIBT 4 PORTIONEN

2 Stängel Zitronengras (nur die weißen Teile), leicht zerdrückt
4 lange rote Chilischoten
4 große Hähnchenbrustfilets, mit Haut
2 l Pflanzenöl zum Frittieren
16 Garnelencracker
200 ml Nước-mắm-Dipsauce **(siehe Seite 176)**
30 g gebratene Schalotten **(siehe Seite 181)**

KRAUTSALAT

200 g Weißkohl, in dünne Streifen geschnitten
100 g Rotkohl, in dünne Streifen geschnitten
150 g eingelegte Möhren und Rettiche **(siehe Seite 179)**
1 Bund Minze, Blätter abgezupft
1 Bund vietnamesischer Koriander, Blätter abgezupft
1 Bund Shiso, Blätter abgezupft

Dieser vietnamesische Salat schmeckt wirklich jedem und passt zu jeder Gelegenheit. Er lässt sich schnell anrichten und ist einfach nur lecker.

Einen großen Topf mit 2 Litern Wasser füllen, Zitronengras und 1 Chilischote zufügen und alles auf mittlerer bis hoher Stufe zum Kochen bringen. Die Hähnchenbrustfilets hineingeben und 30 Minuten köcheln lassen, bis das Fleisch gar ist. Für die Garprobe mit einem Spieß in die dickste Stelle der Brustfilets einstechen: Tritt klarer Saft aus, ist das Fleisch durch. Die Hähnchenbrustfilets abgießen und zum Abkühlen beiseitestellen. Zitronengras und Chili werden entsorgt.

In einem großen Topf das Pflanzenöl auf mittlerer bis hoher Stufe auf 180 °C erhitzen, die Temperatur dabei mit einem Küchenthermometer kontrollieren. Die Garnelencracker portionsweise jeweils ein paar Sekunden in dem heißen Öl frittieren, bis sie aufgegangen und doppelt so groß geworden sind. Mit einem Schaumlöffel herausnehmen und auf einem mit Küchenpapier ausgelegten Teller abtropfen lassen.

Von den Hähnchenbrustfilets die Haut abziehen und entsorgen und das Fleisch von Hand in kleine Stücke zerpflücken.

Die restlichen Chilischoten in dünne Ringe schneiden.

Die Zutaten für den Salat in einer großen Schüssel mischen und mit dem zerpflückten Hähnchenfleisch bedecken. Den Salat mit der Nước-mắm-Dipsauce anmachen, mit Chili-Ringen und Schalotten krönen und zusammen mit den Garnelencrackern servieren.

GỎI GÀ

GỎI BÒ TÁI CHANH

RINDFLEISCHSALAT

ERGIBT 4 PORTIONEN

800 g Rinderfilet oder Rumpsteak, in dünne Scheiben geschnitten
300 ml Zitronensaft
1 libanesische (kurze) Gurke oder Salatgurke, der Länge nach halbiert und schräg in Scheiben geschnitten
1 Bund vietnamesischer Koriander, Blätter abgezupft
1 rote Zwiebel, geschält, in dünne Scheiben geschnitten
150 g eingelegte Möhren und Rettiche (siehe Seite 179) (optional)
3 EL gebratene Schalotten (siehe Seite 181)
3 EL geröstete Erdnüsse (siehe Seite 182)

CEVICHE-DRESSING

100 ml Nước-mắm-Dipsauce (siehe Seite 176)
3 Vogelaugen-Chilis, in dünne Ringe geschnitten
2 Knoblauchzehen, geschält, zerdrückt
30 ml frisch gepresster Limettensaft

Dieser Salat ist im Wesentlichen eine Rindfleisch-Ceviche mit einem wunderbaren Zitrusgeschmack. Wenn Sie möchten, können Sie das Rindfleisch auch kurz blanchieren, bevor Sie es mit dem Zitronensaft beträufeln.

Die Rindfleischscheiben in eine säurebeständige Schüssel legen und mit dem Zitronensaft begießen. Alles gut durchmischen, damit das Fleisch rundherum mit dem Saft benetzt wird. Das Rindfleisch 7–10 Minuten ruhen lassen, damit es im Zitronensaft »garziehen« kann.

Die Zutaten für das Dressing in einer kleinen Schüssel verquirlen.

Das Rindfleisch in eine große Schüssel legen, dabei überschüssigen Zitronensaft abtropfen lassen. Gurke, vietnamesischen Koriander, Zwiebel und eingelegte Pickles (falls verwendet) zufügen und alles gut durchmischen. Mit dem Dressing anmachen, dann den Salat auf einer großen Servierplatte anrichten, mit den gebratenen Schalotten und gerösteten Erdnüssen krönen und servieren.

THỊT
KHO

KARAMELLISIERTER SCHWEINEBAUCH

ERGIBT 4–6 PORTIONEN

1 kg Schweinebauch, in 3 cm große Würfel geschnitten
2 Frühlingszwiebeln (nur die weißen Teile), leicht zerdrückt
2 Knoblauchzehen, geschält, zerdrückt
200 ml Fischsauce, bei Bedarf mehr
150 g Zucker, bei Bedarf mehr
Pflanzenöl zum Braten und Frittieren
Saft (Kokoswasser) von 2 jungen Kokosnüssen
4 Eier
gedämpfter Jasminreis zum Servieren

ZUM GARNIEREN
Frühlingszwiebeln, in dünne Ringe geschnitten
1 Prise frisch gemahlener weißer Pfeffer

Thịt kho ist ein Genuss, der mir im Winter die Seele wärmt. Ich verbinde damit Liebe und Wohlbefinden und schwelge in Kindheitserinnerungen – damals kochte meine Mutter während des Tết-Fests immer einen großen Topf dieses leckeren Gerichts. Als Henkersmahlzeit würde ich mir eine Schale Thịt kho mit gedämpftem Reis als Beilage wünschen.

Wasser in einen großen Topf geben, zum Kochen bringen. Den gewürfelten Schweinebauch hineingeben und 10–15 Minuten köcheln lassen. Den Schweinebauch abgießen und unter fließend kaltem Wasser abspülen, anschließend beiseitestellen.

Frühlingszwiebeln, Knoblauch, 2 Esslöffel Fischsauce und 1 Esslöffel Zucker in einer großen Schüssel verrühren, bis sich der Zucker aufgelöst hat. Den gewürfelten Schweinebauch zufügen und alles im Kühlschrank mindestens 4 Stunden, besser über Nacht, durchziehen lassen.

2 Esslöffel Öl und den restlichen Zucker in einem großen Topf auf mittlerer Stufe erwärmen. Unter ständigem Rühren den Zucker in 4–6 Minuten karamellisieren lassen, bis er eine goldbraune Färbung hat. Die Schweinebauchwürfel mitsamt der Marinade zugeben und im Karamell rasch hin- und herwenden.

Die restliche Fischsauce unterrühren. Nun das Kokoswasser und so viel Wasser zugießen, dass das Fleisch knapp bedeckt ist. Etwa 1 bis 1,5 Stunden sanft köcheln, bis das Fleisch zart ist. Nach Geschmack mit etwas mehr Fischsauce und Zucker nachwürzen.

Wasser in einen Topf geben, zum Kochen bringen, die Eier hineingleiten lassen und wachsweich kochen – je nach Größe dauert das 5–6 Minuten. Mit einem Schaumlöffel herausnehmen und in Eiswasser legen. Die Eier schälen.

In einem großen Topf 1 Liter Öl auf mittlerer bis hoher Stufe auf 180 °C erhitzen, die Temperatur mit einem Küchenthermometer kontrollieren. Die Eier behutsam ins Öl gleiten lassen und 2–3 Minuten frittieren, bis sie golden gefärbt sind. Mit einem Schaumlöffel aus dem Öl nehmen und auf einem mit Küchenpapier ausgelegten Teller abtropfen lassen.

Zum Servieren die Schweinebauchwürfel zusammen mit der Kochflüssigkeit auf Servierschalen verteilen. Die Eier halbieren und auf die Fleischwürfel geben. Jede Schale mit Frühlingszwiebeln und einer Prise weißem Pfeffer garnieren. Mit dem gedämpften Jasminreis servieren.

MIT SCHWEINEHACK GEFÜLLTE TOMATEN MIT DILL

ERGIBT 4 PORTIONEN

6 große Tomaten
3 EL Pflanzenöl
2 Knoblauchzehen, geschält, zerdrückt
3 Schalotten, geschält, in dünne Scheiben geschnitten
2 EL Fischsauce
1 EL feiner Zucker
1 Frühlingszwiebel, in Ringe geschnitten, zum Anrichten
2 Stängel Dill, Spitzen abgezupft, zum Servieren
Korianderblätter zum Servieren
gedämpfter Jasminreis zum Servieren

HACKFLEISCHFÜLLUNG

500 g Schweinehack
1 Schalotte, geschält, fein gehackt
2 Frühlingszwiebeln, in dünne Ringe geschnitten
2 Knoblauchzehen, geschält, fein gehackt
1 Prise frisch gemahlener weißer Pfeffer
3 Judasohrpilze (oder Mu-Err-Pilze), gehackt
50 g Glasnudeln, 1 Stunde in kaltem Wasser eingeweicht, abgetropft und in kurze Stücke geschnitten
2 EL Fischsauce
1 EL feiner Zucker

Dieses Gericht findet man häufig in den Garküchen Nordvietnams, wo sich die Büroangestellten mittags einfinden, um sich mit einer preiswerten und sättigenden Mahlzeit für den arbeitsreichen Nachmittag zu stärken. Die gefüllten Tomaten sind auch als Abendessen beliebt, da man sie nach einem langen Arbeitstag schnell zubereiten kann. Ich liebe es, die Sauce sehr großzügig über meinen Reis zu kippen!

Zuerst die Füllung zubereiten: Dafür alle Zutaten in einer großen Schüssel vermengen.

Von den Tomaten jeweils einen Deckel abschneiden. Kerne und Saft mit einem Löffel herauskratzen und in eine Schüssel geben. 2 der Tomaten hacken und ebenfalls in die Schüssel geben.

Mithilfe eines Löffels die 4 verbleibenden Tomaten mit dem Hackfleisch-Mix füllen, dabei die Füllung fest andrücken, damit sie an Ort und Stelle bleibt.

Das Öl in einer großen Pfanne mit Deckel auf mittlerer bis hoher Stufe erhitzen und die Tomaten mit der Öffnung nach unten hineinsetzen. Die gefüllten Tomaten 7–10 Minuten garen, bis sie gebräunt sind. Nun aus der Pfanne nehmen und auf einen Teller legen.

Knoblauch und Schalotten in die Pfanne geben und in 5 Minuten weich braten. Tomatenkerne und -saft sowie die beiden gehackten Tomaten zufügen und alles auf mittlerer Stufe 30 Minuten sanft köcheln lassen. Dann mit Fischsauce und Zucker würzen und die gefüllten Tomaten zurück in die Pfanne geben. Den Deckel auflegen und 15 Minuten köcheln lassen, bis das Schweinehack durch ist und sich die Tomaten fest anfühlen, wenn man leichten Druck ausübt.

Die Tomaten und die Sauce auf einer Servierplatte anrichten, mit der Frühlingszwiebel, Dill und Koriander bestreuen und mit gedämpftem Reis als Beilage servieren.

CÀ CHUA NHỒI THỊT

RAU MUỐNG XÀO TƯƠNG

WASSERSPINAT AUS DEM WOK

ERGIBT 4 PORTIONEN

2 EL Pflanzenöl
2 Knoblauchzehen, geschält, zerdrückt
1 lange rote Chilischote, längs halbiert
500 g Wasserspinat
1 TL fermentierte gelbe Sojabohnen (siehe Hinweis)

So einfach, und doch so gut! Im Wok zubereiteter Wasserspinat ist ein wunderbar gesundes Gemüse, das häufig in Garküchen als Beilage serviert wird. Er kommt oft auch bei einem großen Festmahl mit der Familie auf den Tisch.

Einen Wok auf hoher Stufe erhitzen und das Pflanzenöl hineingeben. Wenn das Öl zu rauchen beginnt, Knoblauch, Chili und Wasserspinat zufügen und alles rasch durchrühren.

2 Esslöffel Wasser und die fermentierten Sojabohnen zufügen. Die Sojabohnen gleichmäßig untermischen, das Gericht auf einer Servierplatte anrichten und sofort auf den Tisch bringen.

HINWEIS: Fermentierte gelbe Sojabohnen bekommt man in den meisten asiatischen Supermärkten.

MELONEN-GARNELEN-SUPPE

ERGIBT 4 PORTIONEN

4 große rohe Garnelen, geschält und entdarmt
2 EL Fischsauce, plus etwas zum Abschmecken
1 EL feiner Zucker, plus etwas zum Abschmecken
1 TL frisch gemahlener weißer Pfeffer, plus etwas zum Garnieren
2 Frühlingszwiebeln, in dünne Ringe geschnitten, plus etwas zum Garnieren
500 g Wintermelone (siehe Hinweis), geschält und in 2 cm große Würfel geschnitten

Diese Suppe ergänzt die Reisgerichte in diesem Kapitel allesamt perfekt. Es handelt sich um eine leichte, leckere Brühe, die mit der Süße der Melone und der Garnelen punktet. In Vietnam werden Suppen sehr häufig zu Reisgerichten serviert, da sie die verschiedenen Geschmackskomponenten auf dem Teller neutralisieren.

Die Garnelen mit einem Messer leicht zerdrücken und dann grob zerteilen. Die Stücke zusammen mit der Fischsauce, dem Zucker und dem Pfeffer in eine Schüssel geben. Die Frühlingszwiebeln zufügen und alles gut vermengen.

In einem mittelgroßen Topf 1,5 Liter Wasser auf mittlerer Stufe zum Kochen bringen. Die Melonenwürfel hineingeben und 20 Minuten sanft köcheln lassen.

Die Garnelenmischung zur Suppe geben und alles nach Belieben mit Fischsauce und Zucker würzen. Die Suppe weitere 15 Minuten köcheln.

Die Garnelen-Melonen-Suppe in Servierschalen geben, dabei darauf achten, dass Melone und Garnelen gleichmäßig verteilt sind. Die Portionen mit Frühlingszwiebeln und Pfeffer bestreuen und sofort auf den Tisch bringen.

HINWEIS: Wintermelone, auch Wachskürbis genannt, bekommt man in den meisten asiatischen Supermärkten.

CANH TÔM BÍ ĐAO

IN INGWER GESCHMORTES HÜHNCHEN

ERGIBT 4 PORTIONEN

1 Huhn à 1,8 kg
2 EL Pflanzenöl
150 g Ingwer, geschält und in feine Streifen geschnitten
50 g feiner Zucker, bei Bedarf mehr
80 ml Fischsauce, bei Bedarf mehr
1 TL frisch gemahlener weißer Pfeffer
2 lange rote Chilischoten, in Ringe geschnitten
1 Handvoll Korianderblätter
gedämpfter Jasminreis zum Servieren

Meinem Vater gelingt dieses Gericht am besten. Er kocht selten, doch wenn er sich an den Herd stellt, schmeckt es fantastisch. Ich weiß noch, wie ich als Kind auf einem Schemel in der Küche stand und mir mein Vater erklärte, wie man das Gericht zubereitet – wie wichtig es ist, den Ingwer im Öl anzubraten, und dass die Hühnerteile besser schmecken, wenn man sie am Knochen belässt. Am liebsten esse ich dieses Gericht mit einer Schale frisch gedämpftem Jasminreis – eine Wohltat für Leib und Seele!

Zunächst das Huhn vorbereiten. Mit einem Hackbeil oder großen Messer das Huhn durch das Brustbein der Länge nach halbieren. Die Keulen abtrennen und in 3–4 kleinere Stücke zerteilen. Die Flügel von der Brust trennen und die Spitzen abschneiden. Zum Schluss die Brust in 5–6 Stücke teilen.

Pflanzenöl und Ingwer in eine große, tiefe Pfanne mit passendem Deckel geben und auf mittlerer Stufe erwärmen. Den Ingwer 2–3 Minuten braten, bis er goldbraun ist. Anschließend mit einem Schaumlöffel aus der Pfanne nehmen und auf einem mit Küchenpapier ausgelegten Teller abtropfen lassen.

Den Zucker zu dem vom Ingwer aromatisierten Öl in die Pfanne geben. Unter ständigem Rühren auf niedriger Stufe in 7–10 Minuten karamellisieren lassen, bis sich der Zucker golden gefärbt hat. Den Karamell nicht anbrennen lassen, sonst wird das Gericht bitter.

Nun die Hühnerteile in die Pfanne geben und alles rasch und vor allem ohne Pause durchrühren, damit Huhn und Karamell nicht am Pfannenboden kleben bleiben.

Die Hitze auf mittlere bis niedrige Stufe schalten und den Ingwer und die Fischsauce zugeben. Weiterrühren, bis sich die Hühnerteile komplett mit Karamell überzogen haben, dann den Deckel auflegen und das Ganze 30 Minuten sanft köcheln lassen – dann sollte das Hühnerfleisch gar sein. Abschmecken und bei Bedarf mit Zucker und Fischsauce nachwürzen.

Das Gericht auf Servierschalen verteilen und jede Portion mit Pfeffer, Chili und Koriander bestreuen. Sofort mit dem gedämpften Jasminreis servieren.

GÀ XÀO GỪNG

Hanoi Gift
하노이 선물
WELCOME

BIA
23
HAPPY Hour
Buy 2 get 1

LẤU

FEUERTOPF

ERGIBT 4–6 PORTIONEN

2 l Hühnerbrühe (siehe Seite 34)
2 TL Meersalz
2 TL feiner Zucker
1 knappe Handvoll Korianderblätter
3 Frühlingszwiebeln, in dünne Ringe geschnitten
500 g getrocknete Instant-Eiernudeln

GEMÜSE

200 g Shimeji-Pilze, grob zerteilt
200 g Austernpilze
200 g Wasserspinat
2 Köpfe Bok Choy, geviertelt

FLEISCH UND MEERESFRÜCHTE

200 g Calamari-Tuben und -Tentakel, geputzt und die Tuben eingeritzt (optional)
12 rohe Garnelen, geschält und entdarmt
4 gekochte Blaue Schwimmkrebse
300 g Rinderlende oder Rumpsteak (vorzugsweise Wagyu), in sehr dünne Scheiben geschnitten
12 Fischklößchen (siehe Hinweis)
12 Rindfleischklößchen (siehe Hinweis)
6 Fischküchlein (siehe Hinweis)

DIPSAUCE

125 ml Hoisinsauce
80 g Satay-Sauce (gekaufte Sauce ist völlig in Ordnung)
1 EL Sriracha-Chilisauce
Saft von 1 Limette

HINWEIS: Fisch- und Rindfleischklößchen sowie Fischküchlein bekommt man im asiatischen Supermarkt.

Die Vietnamesen lieben den Feuertopf, und dementsprechend häufig kommt er auf den Tisch. Vielleicht fragt man sich, warum sich der Feuertopf in einem so heißen Klima derartiger Beliebtheit erfreut, aber er ist so vielseitig und einfach zuzubereiten, dass er kaum zu schlagen ist. Die Brühe kann man nach eigenem Geschmack abwandeln, und was die Zutaten angeht, kommt alles infrage, was gerade Saison hat.

Der Feuertopf wird stets in die Tischmitte gestellt, zusammen mit einer großen Palette an Beilagen, die nach Gusto ausgewählt und in der Suppe gegart werden. In der Regel wird der Feuertopf in größerer Runde genossen. Nach und nach werden die Zutaten gekocht und verspeist, während man Neuigkeiten austauscht und ein Bia (Bier) zischt.

Auch mein Lieblingsgericht ist der Feuertopf. Ich liebe es, mein Essen selbst zuzubereiten, und die Kombination von Nudeln, Suppe, Fleisch und Gemüse beinhaltet alles, was ich gern mag!

Für dieses Rezept benötigen Sie einen tragbaren Gaskocher, den Sie in die Mitte des Esstisches stellen. Sie bekommen ihn im Laden für Campingbedarf oder in asiatischen Küchenläden.

Die Zutaten für die Dipsauce in einer großen Schüssel miteinander verrühren, dann die Sauce auf kleine, individuelle Schalen verteilen.

Den Gaskocher auf den Tisch stellen. Die Hühnerbrühe in einen großen, für den Gaskocher geeigneten Topf gießen und diesen auf mittlerer Stufe erwärmen. Die Brühe mit Salz und Zucker würzen und Korianderblätter und Frühlingszwiebeln hinzufügen.

Die rohen Zutaten in Schüsseln oder auf Teller geben und auf dem Tisch verteilen, das Fleisch und die Meeresfrüchte separat halten.

Sobald die Brühe kocht, können sich die Gäste individuell bedienen und die ausgewählten Zutaten garen.

Hier finden Sie die ungefähren Garzeiten für jede Zutat – die genaue Dauer ist jeweils von der Größe abhängig:

- Getrocknete Instant-Eiernudeln: 5–8 Minuten
- Pilze: 5–7 Minuten
- Wasserspinat und Bok Choy: 3–7 Minuten
- Calamari: 4–5 Minuten
- Garnelen: 3–5 Minuten
- Blaue Schwimmkrebse: nur erhitzen
- Rinderlende: 1 Minute
- Fischklößchen, Rindfleischklößchen und Fischküchlein: nur kurz durcherhitzen

VIETNAMESISCHER FRUCHTCOCKTAIL

ERGIBT 4–6 PORTIONEN

1 Dose Jackfrucht à 565 g
1 Dose Longanfrüchte à 565 g
1 Dose Toddy-Palmkerne à 565 g
1 Dose Grasgelee (Ai-Yu-Gelee) à 530 g, gewürfelt
500 ml Kokoscreme
Eiswürfel oder zerstoßenes Eis, zum Servieren

FALSCHE GRANATAPFEL-KERNE
100 g Wasserkastanien aus der Dose
einige Tropfen rote Lebensmittelfarbe
100 g Tapiokastärke

Die vietnamesische Version des berühmten Fruchtcocktails schenkt Ihnen den perfekten Zuckerkick, wenn Sie eine süße Stärkung brauchen! Jackfrucht, Longanfrucht, Toddy-Palmkerne und Grasgelee in Dosen bekommen Sie in asiatischen Supermärkten.

Für die falschen Granatapfelkerne die Wasserkastanien möglichst klein hacken, damit sie aussehen wie Granatapfelkerne. In eine Schüssel geben und mit ein paar Tropfen roter Lebensmittelfarbe beträufeln. Alles gut vermischen, damit die Wasserkastanie die Farbe annimmt, und 30 Minuten beiseitestellen.

Wasser in einen Topf geben und zum Kochen bringen.

Die Tapiokastärke in eine Schüssel geben und die gehackten Wasserkastanien darin wenden. Überschüssige Stärke abschütteln, dann die Wasserkastanien ins kochende Wasser gleiten lassen. Nach 2–3 Minuten steigen die falschen Kerne auf und schwimmen an der Oberfläche. Mit einem Schaumlöffel herausnehmen und in Eiswasser tauchen, um den Garprozess zu unterbrechen, und abgießen.

Den Sirup aus den Fruchtdosen in eine Schüssel gießen. Die Jackfrucht in mundgerechte Stücke teilen.

Die Früchte auf Dessertgläser verteilen und den Fruchtsirup zugießen. Den vietnamesischen Fruchtcocktail mit Grasgelee und falschen Granatapfelkernen krönen und die Kokoscreme darauf verteilen. Ein paar Eiswürfel oder etwas zerstoßenes Eis in die Gläser geben und servieren.

CHÈ THÁI

CHÈ BA MÀU

DREI-FARBEN-DESSERT

ERGIBT 6 PORTIONEN

Pflanzenöl in der Sprühflasche
500 ml Kokoscreme
zerstoßenes Eis oder Eiswürfel zum Servieren

PANDAN-GELEE

1 TL Pandan-Extrakt
110 g feiner Zucker
2 EL Agar-Agar

ROTE BOHNEN

1 Dose rote Kidneybohnen à 400 g
110 g feiner Zucker

MUNGBOHNEN

200 g Mungbohnen, über Nacht in kaltem Wasser eingeweicht
3 El feiner Zucker

Dreifarbige Desserts stehen bei den Straßenständen Vietnams hoch im Kurs. Sie sind die perfekte süße Abrundung nach einer herzhaften Schale Phở oder einer anderen Mahlzeit.

Eine schmale, flache Kastenform (20 × 5 × 5 cm) mit Öl aussprühen.

Für das Pandan-Gelee die Zutaten mit 1 Liter Wasser in einen Topf geben. Das Ganze auf mittlerer Stufe erhitzen, bis sich der Zucker aufgelöst hat, dabei die Mischung mit einem Schneebesen ununterbrochen kräftig rühren. Durch ein Sieb in die vorbereitete Form abgießen und im Kühlschrank mindestens 1 Stunde gelieren lassen.

Für die roten Bohnen die Kidneybohnen mitsamt der Dosenflüssigkeit, dem Zucker und 250 ml Wasser in einen Topf geben. Alles bei mittlerer Hitze zum Kochen bringen und anschließend 30 Minuten sanft köcheln lassen. Danach zum Abkühlen beiseitestellen.

Inzwischen die Mungbohnen abgießen und mit 300 ml Wasser in einen Topf geben. Bei mittlerer Hitze zum Kochen bringen und 20 Minuten köcheln lassen, bis die Bohnen weich sind. Die Mungbohnen abgießen, in eine Schüssel geben und den Zucker unterrühren. Die Mischung in einen Mixer geben und zu einer glatten Paste verarbeiten.

Wenn das Pandan-Gelee fest geworden ist, die Masse auf ein Schneidebrett stürzen und mit einem Sägemesser in 5 mm breite Streifen schneiden.

Zum Servieren das Pandan-Gelee, die roten Bohnen und die Mungbohnen auf große Dessertgläser verteilen. Mit Kokoscreme krönen, ein wenig Eis zugeben und auf den Tisch stellen.

FRITTIERES EIS MIT SALZKARAMELL

ERGIBT 8 PORTIONEN

8 Kugeln Salzkaramelleis à 70 g
500 g Waffeln
150 g Mehl (Allzweckmehl)
3 Eier, leicht verschlagen
2 l Pflanzenöl zum Frittieren

SALZKARAMELL
220 g feiner Zucker
90 g Butter
140 ml Sahne
1,5 EL Meersalz

Vietnamesische Einwanderer brachten das Rezept nach Australien. Vor vielen Jahren, als mein Bruder noch zur Schule ging, beschrieb er dieses köstliche Dessert in einer Hausarbeit – und wurde von der Lehrerin ausgelacht. »Man kann Eis nicht frittieren«, behauptete sie. Nun – wer zuletzt lacht, lacht am besten!

Sie müssen mit diesem Rezept zwei Tage vorher beginnen.

Ein ins Tiefkühlfach passendes Backblech mit Backpapier belegen. Die Eiskugeln darauf verteilen und über Nacht gefrieren lassen.

Die Waffeln portionsweise in einer Küchenmaschine zu Krümeln verarbeiten. In eine große Schüssel füllen und beiseitestellen.

Das Mehl in eine zweite Schüssel füllen und das verschlagene Ei in eine dritte Schüssel geben.

Nun die Eiskugeln nacheinander »panieren« und dabei zügig zu Werke gehen: Zunächst die Eiskugel im Mehl wälzen, dann das überschüssige Mehl abschütteln und die Kugel durch das Ei ziehen. Zum Schluss die Kugel in den Waffelkrümeln wenden, bis das Eis dick ummantelt ist. Die Krümel fest andrücken, dadurch wird das Eis beim Frittieren geschützt. Die »panierten« Eiskugeln wieder über Nacht gefrieren lassen.

Für den Salzkaramell den Zucker in einer Kasserolle auf mittlerer Stufe erhitzen und unter konstantem Rühren schmelzen lassen. Sobald er flüssig geworden ist, aufhören zu rühren, damit der Zucker nicht auskristallisiert. Die Masse weiterköcheln, bis der Zucker einen tiefen Karamellton angenommen hat. Langsam die Butter zugeben und mit einem Schneebesen einarbeiten, dasselbe mit der Sahne wiederholen. Zum Schluss den Topf vom Feuer nehmen, das Salz unterrühren und den Karamell beiseitestellen.

Das Öl in einem großen Topf mithilfe eines Küchenthermometers auf 200 °C erhitzen. Die Eiskugeln portionsweise jeweils 30–40 Sekunden lang im Öl frittieren, bis sie sich goldbraun gefärbt haben. Mit einem Schaumlöffel herausnehmen und auf einem mit Küchenpapier ausgelegten Teller abtropfen lassen.

Das Eis in kleinen Schälchen servieren und großzügig mit Salzkaramell beträufeln.

KEM CHIÊN

CHUỐI CHIÊN DỪA

FRITTIERTE BANANEN MIT KOKOS

ERGIBT 4 PORTIONEN

4 Bananen
2 l Pflanzenöl zum Frittieren
Vanilleeis zum Servieren
Salzkaramell (siehe Seite 168) zum Servieren
Kokosraspel zum Servieren

TEIG
150 g Mehl (Allzweckmehl)
90 g Reismehl
15 g Kokosraspel
1 EL feiner Zucker
1 Prise Meersalz
375 ml Sodawasser (Club Soda)
1 EL Sesamsamen

Das ist eines meiner Lieblingsdesserts. Ich kann jede Menge davon verdrücken – nicht unbedingt eine gute Idee, da diese Leckerei ziemlich üppig ist. Mit das Beste daran sind die unterschiedlichen Konsistenzen: die weiche Banane, der knusprige Teig, das erfrischende Eis, der süße Salzkaramell – eine geniale Mischung, die man einfach lieben muss.

Die Zutaten für den Ausbackteig in einer großen Schüssel zu einer glatten Konsistenz verarbeiten. 20–30 Minuten ruhen lassen.

Die Bananen schälen und längs halbieren. Die Hälften jeweils zwischen zwei Lagen Frischhaltefolie legen und mit der Hand zu einer Scheibe flach drücken.

Die flach gedrückten Bananenhälften in den Teig tauchen und darauf achten, dass sie sich lückenlos mit dem Teig überziehen.

Das Öl in einem großen Topf auf mittlerer bis hoher Stufe auf 180 °C erhitzen, dabei ein Küchenthermometer zur Hilfe nehmen. Die Bananenhälften portionsweise 3–4 Minuten frittieren, bis sie goldbraun gefärbt sind, die Stücke dabei ab und zu umdrehen.

Mit einer Kugel Vanilleeis servieren, großzügig mit Salzkaramell beträufeln und zur Abrundung Kokosraspel darüberstreuen.

CRÈME CARAMEL MIT KAFFEE

ERGIBT 8 PORTIONEN

175 g feiner Zucker, plus etwas zum Servieren
60 ml frisch gebrühter Kaffee oder Espresso
2 Eier
3 Eigelb
250 ml Vollmilch
340 ml Sahne zum Übergießen
2 TL Kaffeebohnen, grob zerstoßen

Dieses Dessert ist die vietnamesische Interpretation der klassischen französischen Crème Caramel. Der Kaffee schenkt ihr ein wunderbares Aroma. Nehmen Sie dafür möglichst vietnamesischen Kaffee – die Marke Trung Nguyên ist leicht zu bekommen. Alternativ halten Sie nach Saigon-Kaffee Ausschau, den ich in meinem Restaurant »Phở Nom« serviere. Können Sie keinen vietnamesischen Kaffee auftreiben, ist normaler Espresso eine gute Option.

100 g vom Zucker und 60 ml Wasser in einen Topf geben und auf niedriger Stufe unter konstantem Rühren so lange erhitzen, bis sich der Zucker aufgelöst hat. Auf mittlere Stufe schalten und die Masse 10–15 Minuten sanft köcheln lassen, bis sie sich golden färbt und karamellisiert, dabei nicht umrühren. Nun den Kaffee zugießen, umrühren und alles 5 Minuten köcheln. Den Karamellkaffee vorsichtig auf 8 Förmchen à 150 ml verteilen.

Den Ofen auf 120 °C vorheizen.

Eier, Eigelb und den restlichen Zucker in einer Schüssel verschlagen.

Milch, Sahne und zerstoßene Kaffeebohnen in einen Topf geben und sanft köcheln lassen. Dabei darauf achten, dass die Mischung nicht aufkocht. Durch ein Sieb in einen Krug abgießen. Die Mixtur unter konstantem Schlagen mit dem Schneebesen langsam unter die Eiermischung ziehen. Die Crème auf die Förmchen verteilen.

Die Förmchen in eine große Auflaufform stellen und so viel heißes Wasser zugießen, dass sie bis zur Hälfte im Wasser stehen. 40 Minuten im Ofen backen, bis sich die Crème gesetzt hat (sie sollte fest sein, sich aber noch ein wenig bewegen).

Die Förmchen aus der Auflaufform nehmen und mindestens 2 Stunden – besser über Nacht – in den Kühlschrank stellen.

Zum Servieren mit einem Messer am Rand der Förmchen entlangfahren und die Crème auf Dessertteller stürzen.

CÀ PHÊ CARAMEL

BASICS

NƯỚC MẮM

NƯỚC-MẮM-DIPSAUCE

ERGIBT 600 ML

- **2 Knoblauchzehen, geschält, fein gehackt**
- **3 Vogelaugen-Chilis, fein gehackt oder in Ringe geschnitten**
- **150 ml Fischsauce**
- **100 ml weißer Essig**
- **140 g feiner Zucker**

Die Zutaten in einer Schüssel mit 200 ml Wasser vermengen und so lange verrühren, bis sich der Zucker aufgelöst hat.

Nước mắm hält sich im Kühlschrank in einem luftdicht verschlossenen Behälter bis zu zwei Wochen.

MỠ HÀNH

FRÜHLINGSZWIEBELÖL

ERGIBT 125 ML

- **3 Frühlingszwiebeln, in dünne Ringe geschnitten**
- **1 Prise Meersalz**
- **100 ml Pflanzenöl**

Die Frühlingszwiebeln zusammen mit dem Salz in eine Metallschüssel geben.

Das Öl mithilfe einen Küchenthermometers in einer kleinen Kasserolle auf 150 °C erhitzen und anschließend über die Frühlingszwiebeln gießen. Gut vermengen und ruhen lassen, sodass sich die Aromen entfalten können, bevor das Frühlingszwiebelöl verwendet wird.

Frühlingszwiebelöl sollte noch am Tag der Herstellung verbraucht werden.

SATÉ SẢ

ZITRONENGRAS-SATÉ

ERGIBT ETWA 1,5 LITER

6 Stängel Zitronengras (nur die weißen Teile), in Ringe geschnitten
15 lange rote Chilischoten, in Ringe geschnitten
6 Vogelaugen-Chilis, in Ringe geschnitten
3 Zwiebeln, geschält, gehackt
12 Knoblauchzehen, geschält
1,5 l Pflanzenöl
150 ml Fischsauce

Es ist immer gut, diese Saté gebrauchsfertig zur Hand zu haben. Darin lassen sich Fleisch und Meeresfrüchte vor dem Grillen marinieren, oder man stellt die Zitronengras-Saté einfach als Beigabe zu Suppen oder als Dipsauce auf den Tisch. Bereiten Sie die gesamte im Rezept angegebene Menge zu und heben Sie das, was nicht gleich verbraucht wird, in einem sterilisierten, verschlossenen Einmachglas im Kühlschrank auf, wo sich die Saté bis zu 6 Monate hält. Ich mache auch gern größere Mengen davon und verschenke das eine oder andere Glas an Freunde.

In einer Küchenmaschine das Zitronengras, die langen Chilis, die Vogelaugen-Chilis, die Zwiebeln und den Knoblauch nacheinander zerkleinern (nicht mischen).

Die fein zerkleinerten Zwiebeln in ein Seihtuch geben, um jegliche überschüssige Feuchtigkeit herauszupressen. Diese Flüssigkeit entsorgen.

Das Öl in einer großen Kasserolle auf niedriger Stufe mithilfe eines Küchenthermometers auf 80 °C erhitzen. Die ausgepressten Zwiebeln aus dem Seihtuch in die Kasserolle gleiten lassen und 10 Minuten anbraten. Nun den Knoblauch zufügen und 5 Minuten mitbraten, dann beide Chili-Sorten in die Kasserolle geben und unter ständigem Rühren 20–30 Minuten garen. Zum Schluss das Zitronengras und die Fischsauce zugeben und 20 Minuten köcheln, bis die Saté eine satte Rotfärbung angenommen hat. Während des gesamtes Garprozesses das Kochgut immer wieder durchrühren, damit nichts anbrennt.

Die Zitronengras-Saté vollständig auskühlen lassen. Die Saté anschließend mit einem Löffel in ein sterilisiertes Einmachglas geben und luftdicht verschließen. Sie hält sich im Kühlschrank bis zu 6 Monate.

PATÉ

HÜHNERLEBER-TERRINE

ERGIBT 1,5 KG

50 ml Pflanzenöl
250 g Hühnerleber
75 g Zwiebeln, geschält, fein gehackt
50 g Knoblauch, geschält, fein gehackt
2 EL Cognac
50 g Schweinehack
75 g Schweinefett, fein gehackt
1 Ei
125 g Sandwich-Brotscheiben, Kruste entfernt und in 1 l Vollmilch eingeweicht

2 Esslöffel Öl in einer Pfanne auf mittlerer bis hoher Stufe erhitzen. Die Hühnerleber hineinlegen und 3–5 Minuten braten, bis sie leicht gebräunt und durchgegart ist. Die Hühnerleber aus der Pfanne nehmen und beiseitelegen.

Das restliche Öl in derselben Pfanne erhitzen, die Zwiebeln hineingeben und 3–5 Minuten anschwitzen, bis sich der Duft zu entfalten beginnt. Nun den Knoblauch zufügen und weitere 2–3 Minuten mitbraten. Die Hühnerleber wieder in die Pfanne geben und mit dem Gemüse mischen. Vorsichtig den Cognac zugießen – treten Sie danach zügig vom Herd zurück, da sich die Mischung entzündet – und alles so lange durchrühren, bis der Alkohol verdunstet und die Flammen erloschen sind. Leber und Gemüse aus der Pfanne nehmen und abkühlen lassen.

Die abgekühlte Leber-Gemüse-Mischung mit Schweinehack, Schweinefett, Ei und dem eingeweichten Brot mitsamt der Milch in eine große Schüssel geben und alles gut miteinander vermischen. Die Mixtur in eine Küchenmaschine füllen und zu einer glatten Konsistenz verarbeiten.

Den Ofen auf 180 °C vorheizen. Eine 25 × 12 cm große Kastenform mit Alufolie auskleiden und die Terrine hineingeben. Die Oberfläche gut mit der Folie verschließen.

Die Kastenform in eine Auflaufform stellen und so viel heißes Wasser zugießen, dass die untere Hälfte der Kastenform im Wasser steht. Die Auflaufform mit Alufolie verschließen und 1 Stunde im vorgeheizten Ofen backen. Danach kontrollieren, ob die Terrine fest geworden ist. Sollte dies nicht der Fall sein, die Terrine wieder in den Ofen stellen und weiterbacken, bis sich die Masse gesetzt hat und fest geworden ist.

Die Terrine bei Zimmertemperatur vollständig auskühlen lassen. Die Kastenform anschließend in den Kühlschrank stellen und dort über Nacht stehen lassen. Am nächsten Tag die Hühnerleber-Terrine aus der Form nehmen, die Folie abziehen und die Terrine in Scheiben oder kleinere Stücke schneiden. In einem luftdicht verschlossenen Behälter halten sich diese im Kühlschrank 3–4 Tage.

ĐỒ CHUA

EINGELEGTE MÖHREN UND RETTICHE

ERGIBT 1,3 KG

1 kg Möhren, in Stifte geschnitten
300 g Daikon (weißer Rettich), in Stäbchen geschnitten

LAKE
150 ml weißer Essig
100 g feiner Zucker

Um die Einlegeflüssigkeit (Lake) herzustellen, Essig und Zucker in einer Schüssel mischen und 100 ml Wasser zufügen. Alles gut durchrühren, bis sich der Zucker aufgelöst hat.

Rettich und Möhren unter fließend warmem Wasser 5 Minuten abspülen, dann gründlich abtropfen lassen und mit Küchenpapier trocken tupfen. Das Gemüse in einen großen Kunststoffbehälter oder in eine Schüssel aus säurefestem Material geben.

Die Einlegeflüssigkeit über das Gemüse gießen und das Gemüse im Kühlschrank 2 Tage lang durchziehen lassen. Danach sind die eingelegten Möhren und Rettiche verzehrfertig.

So eingelegte Möhren-Rettich-Pickles halten sich im Kühlschrank bis zu 2 Wochen.

HINWEIS: Die Lake kann auch zum Einlegen anderer Zutaten genutzt werden, etwa für grüne Papaya, Kohlrabi und Radieschen.

BƠ

VIETNAMESISCHE MAYONNAISE

ERGIBT 400 G

4 Eigelb
1 Prise Meersalz
400 ml Pflanzenöl, mehr nach Bedarf

Das Eigelb mit dem Salz in eine Küchenmaschine geben und miteinander verschlagen.

Das Pflanzenöl bei laufendem Motor sehr langsam in einem dünnen Strahl zu der Eiermasse geben. Die Konsistenz sollte am Ende dick und fest sein und weicher Butter ähneln. Wenn die Masse nach der Zugabe des gesamten Öls nicht entsprechend fest ist, fügen Sie noch ein wenig Öl hinzu, bis die gewünschte Konsistenz erreicht ist.

Bơ hält sich in einem luftdicht verschlossenen Behälter im Kühlschrank 2–3 Tage, aber wahrscheinlich wird diese vietnamesische Mayonnaise viel schneller verbraucht!

DẦU TỎI

KNOBLAUCHÖL

ERGIBT 250 ML

200 ml Pflanzenöl
10 Knoblauchzehen, geschält, fein zerkleinert

Das Öl mithilfe eines Küchenthermometers in einer kleinen Kasserolle auf 70 °C erhitzen.

Den Knoblauch in die Kasserolle geben und 5 Minuten braten, bis er sich schwach goldbraun gefärbt hat. Dabei stetig rühren, damit der Knoblauch zerfällt. Das Knoblauchöl vom Feuer nehmen und abkühlen lassen.

Knoblauchöl hält sich in einem luftdicht verschlossenen Behälter im Kühlschrank bis zu 4 Tage.

HÀNH PHI

GEBRATENE SCHALOTTEN

ERGIBT 50 G

300 ml Pflanzenöl
4 Schalotten, geschält, dünn geschnitten

Das Öl mithilfe eines Küchenthermometers in einer kleinen Kasserolle auf 170 °C erhitzen.

Die Schalotten in das Öl geben und 7–8 Minuten braten, bis sie sich goldbraun gefärbt haben. Dabei stetig rühren, damit die Schalotten zerfallen.

Die Schalotten mit einem Schaumlöffel aus dem heißen Öl nehmen und auf einen großen, mit Küchenpapier ausgelegten Teller gleiten lassen. Die Schalotten mithilfe von zwei Gabeln rasch voneinander trennen und auflockern – lässt man sie zusammengeklumpt liegen, können sie durch die Resthitze anbrennen.

Gebratene Schalotten halten sich in einem luftdicht verschlossenen Behälter 2–3 Tage.

RUỐC TÔM

GARNELENSEIDE

ERGIBT 60 G

100 g getrocknete Garnelen

Die getrockneten Garnelen in kaltem Wasser mindestens 3 Stunden (am besten über Nacht) quellen lassen. Anschließend abgießen und mit Küchenpapier trocken tupfen.

Die Garnelen in eine Küchenmaschine geben und zu einer feinen, glatten Masse verarbeiten.

Eine große Pfanne auf niedriger Stufe erhitzen, die fein zerkleinerten Garnelen hineingeben und unter ständigem Rühren 10 Minuten braten, bis die Masse trocken geworden ist.

Die Garnelenseide hält sich in einem luftdicht verschlossenen Behälter in der Speisekammer bis zu 1 Woche.

ĐẬU PHỘNG RANG

GERÖSTETE ERDNÜSSE

ERGIBT 100 G

100 g rohe Erdnüsse (ohne Schalen und enthäutet)

Den Ofen auf 180 °C vorheizen.

Die Erdnüsse auf einem Backblech verteilen und 10–15 Minuten rösten, bis sie eine goldbraune Färbung angenommen haben. Dabei darauf achten, dass sie nicht anbrennen.

Die Erdnüsse abkühlen lassen, dann ein wenig zerdrücken.

Die gerösteten Erdnüsse halten sich in einem luftdicht verschlossenen Behälter in der Speisekammer 1–2 Wochen.

NƯỚNG MẮM ỚT XANH

GRÜNE-CHILI-DIPSAUCE

ERGIBT ETWA 150 ML

- 2 lange grüne Chilischoten, grob gehackt
- 2 Knoblauchzehen, geschält, grob zerkleinert
- 3 EL feiner Zucker, mehr nach Bedarf
- 2 EL frisch gepresster Limettensaft, mehr nach Bedarf
- 3 EL Fischsauce, mehr nach Bedarf

Alle Zutaten in einen Mixer geben und zu einer glatten Sauce verarbeiten.

Die Dipsauce abschmecken – der Geschmack sollte gleichzeitig süß, sauer, salzig und pikant sein – und bei Bedarf mit etwas mehr Zucker, Limettensaft oder Fischsauce nachwürzen.

Die Chili-Dipsauce hält sich in einem luftdicht verschlossenen Behälter im Kühlschrank 2–3 Tage.

DẦU HẠT ĐIỀU

ANNATTO-ÖL

ERGIBT 200 ML

200 ml Pflanzenöl
1 TL Annatto-Samen

Das Öl mithilfe eines Küchenthermometers in einer kleinen Kasserolle auf 70 °C erhitzen.

Die Annatto-Samen 5 Minuten in der Kasserolle anrösten, bis sich das Öl leuchtend orange färbt.

Die Kasserolle vom Feuer nehmen und die Samen mitsamt dem Öl durch ein feines Sieb in ein Gefäß gießen. Das Öl wird aufgefangen, die Annatto-Samen werden entsorgt.

Das Annatto-Öl hält sich in einem luftdicht verschlossenen Behälter im Kühlschrank 2–3 Tage.

MẮM NÊM

MẮM-NÊM-DRESSING

ERGIBT 500 ML

20 g Ingwer, geschält
20 g Knoblauch, geschält
20 g lange rote Chilischoten
350 g Ananas, geschält, Strunk entfernt und grob zerkleinert
100 ml Kokoswasser
150 ml Mắm nêm (Sardellensauce)
150 ml Limonade

Ingwer, Knoblauch, Chili und Ananas in einen Mixer geben und zu einer groben Paste verarbeiten. Die Mischung in eine Kasserolle geben, die übrigen Zutaten zufügen und alles auf mittlerer Stufe erwärmen. Die Sauce 20–30 Minuten sanft köcheln lassen, bis sie andickt und sich der Duft entfaltet.

Die Sauce komplett abkühlen lassen. Dann in einen luftdicht verschließbaren Behälter füllen und in den Kühlschrank stellen – das Dressing hält sich dort 2–3 Tage.

ÜBER DIE AUTORIN

Jerry Mai, eine vietnamesisch-australische Küchenchefin, lebt und arbeitet in Melbourne, Australien. Sie stand 20 Jahre lang in der Küche einiger der größten Gourmettempel Melbournes, zu nennen sind hier unter anderem »Longrain«, »Gingerboy« und »Seamstress«.

2009 siedelte Jerry nach London über, um Erfahrungen in Michelin-Sternerestaurants zu sammeln. Ihre erste Station war das »Nahm«, wo sie unter dem wachsamen Auge von David Thompson brillierte. Später wechselte sie zum »Zuma«, dem renommierten japanischen Restaurant, das bei Londoner Rockstars hoch im Kurs steht. Ihre im Ausland gemachten Erfahrungen verfeinerten ihr Können und ermöglichten es Jerry, ihren eigenen unverwechselbaren Stil zu entwickeln. Zurück in Melbourne übertrug sie ihn auf die vietnamesische Küche, die sie so sehr liebt – in einer Art und Weise, die es in Australien so zuvor noch nie gab.

Jerry besitzt und leitet zwei vietnamesische Restaurants, die unterschiedlicher nicht sein könnten: Im coolen, zwanglosen »Phở Nom« wird köstliches Streetfood offeriert, im deutlich edleren »Annam« serviert Jerry die Rezepte ihrer Mutter, die ein Spiegel ihrer eigenen einzigartigen kulinarischen Erfahrungen sind.

REGISTER

P

Q

R

S

T

V

W

Z

Bibliografische Information der Deutschen Nationalbibliothek
Die Deutsche Nationalbibliothek verzeichnet diese Publikation in der Deutschen Nationalbibliografie. Detaillierte bibliografische Daten sind im Internet über https://dnb.de abrufbar.

Für Fragen und Anregungen
info@m-vg.de

Wichtiger Hinweis
Ausschließlich zum Zweck der besseren Lesbarkeit wurde auf eine genderspezifische Schreibweise sowie eine Mehrfachbezeichnung verzichtet. Alle personenbezogenen Bezeichnungen sind somit geschlechtsneutral zu verstehen.

1. Auflage 2024

Türkenstraße 89
80799 München
Tel.: 089 651285-0

Die englische Originalausgabe erschien 2023 bei Smith Street Books unter dem Titel *Vietnam: Morning to Midnight*.

Übersetzung: Dr. Birgit Gläser
Redaktion: Annerose Sieck
Umschlaggestaltung: Sonja Vallant
Shutterstock.com: S. 30: Alyona Raikher; S. 46: John Cumbow; S. 47: Dasha_Romanova;
S. 64: David Maki Photography; S. 69: Africa Studio; S. 102: Vietnam Stock Images; 134: MXLIWXN
Weitere Fotografien im Innenteil: Chris Middleton
Layout: Smith Street Books
Satz: inpunkt[w]o, Wilnsdorf (www.inpunktwo.de)
Druck: Firmengruppe APPL, aprinta Druck, Wemding
Printed in Germany

ISBN Print 978-3-7423-2733-8
ISBN E-Book (PDF) 978-3-7453-2499-0
ISBN E-Book (EPUB, Mobi) 978-3-7453-2500-3